당장 써먹고 싶어지는

내 옆의 심리학

관계, 마음, 일이 술술 풀리는 일상의 법칙

당장 써먹고 싶어지는

내 옆의 심리학

나이토 요시히토 지음
박수현 옮김

정치학을 배운다고 무조건 훌륭한 정치인이 되는 것도, 경제학을 공부한다고 해서 꼭 부자가 되는 것도 아닙니다. 교육학을 전공해도 자녀를 훌륭하게 키워내리라 보장할 수 없습니다. 그런데 심리학은 다릅니다.

대부분의 학문이 이론과 현실 사이의 괴리가 커 실생활에 활용하기 힘든 경우가 많은 데 반해 심리학 지식은 놀라울 정도로 명확히, 제대로 도움이 됩니다. 구체적으로는 수험과 취업, 비즈니스, 경제생활뿐만 아니라 인간관계와 연애, 자기계발, 몸과 마음의 건강 등 어디에나 접목할 수 있습니다. 심리학이 행복한 삶을 사는 데 도움이 되는 실용적이고 쓸모 있는 학문이라는 뜻이지요.

이 책은 일상에서 당장 써먹을 수 있는 유용한 심리학 기술들을 소개합니다. 뭘 하든 '이런 경우에는 이렇게 하는 편이 좋다고 했는데?'라고 떠올리면서 적용해 보면 어떨까요? 바로 이런 식으로 말입니다.

· 스트레스 해소에는 설거지만한 것이 없다.

· 날씨를 보면 투자할 곳이 보인다.

· 할까 말까 할 때는 해보면 좋다.

· 눈을 맞추면 부탁 성공률이 높아진다.

· 중요한 날에 검은색 옷을 입으면 자신감이 솟아난다.

내 능력에 과분한 일을 덜컥 맡았는데 물어볼 곳이 없을 때, 부탁하기가 어려울 때, 자꾸만 계획이 틀어져 당황스러울 때, 좀처럼 돈이 모이지 않아 고민일 때 등 일상의 곤란한 상황에서 도움을 청할 곳이 없다면 지금 이 책을 읽어주기 바랍니다. 너무나 사소하고 쉬운 방법이라 정말 효과가 있을지 긴가민가하겠지만 한번 해보면 분명 만족할 것입니다. 그럼, 끝까지 함께해 주세요.

나이토 요시히토

차례

1장 ° 당장 써먹고 싶어지는 소통의 심리학
어떻게 해야
대화가 술술 풀릴까?

2장 ◦ 당장 써먹고 싶어지는 만남의 심리학
어떻게 해야
인간관계가 술술 풀릴까?

어떻게 해야
직장 생활이 술술 풀릴까?

어떻게 해야
경제생활이 술술 풀릴까?

6장 • 당장 써먹고 싶어지는 건강한 삶의 심리학

어떻게 해야
인생의 스트레스가 술술 풀릴까?

66

어떻게 해야
대화가 술술 풀릴까?

99

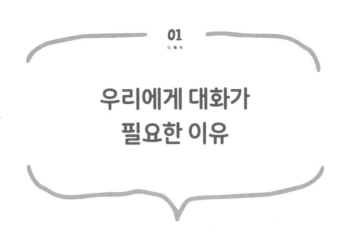

우리에게 대화가
필요한 이유

🌷🌷　　대도시에 살고 있다면 상상하기 힘들겠지만 시골에 가면 우연히 전철에서 옆자리에 앉은 할머니가 상냥하게 말을 걸어오기도 합니다. 길을 걷다가 "안녕하세요" 하고 친근하게 인사를 건네는 사람도, 버스 정류장에서 버스를 기다릴 때 귤을 나눠주는 사람도 있습니다.

　도시에서는 면식 없는 사람에게 쉽사리 다가가지 않습니다. 오히려 무관심한 편이지요. 그런데 심리학 연구에 따르면 우리는 누군가에게 말을 걸 때 하루하루를 행복하게 살 수 있다고 합니다. 이때 상대방은 누구여도 상관없습니다. 고작 모르는 사람과의 대화로 행복해질까 싶겠지만 대화의 효과는 '이렇게 간단하게 기분이 좋아져도 될까?' 싶을 정도로 강력합니다.

시카고대학교의 니콜라스 에플리는 일리노이주 홈우드역을 이용하는 평균 나이 49세의 승객 97명을 상대로 대화 실험을 진행했습니다.

에플리는 먼저 참여자들을 둘로 나눈 뒤 한쪽에는 "통근길에 모르는 사람에게 용기 내어 말을 걸고 이야기를 나눠주세요"라고, 다른 쪽에는 평소처럼 통근해 달라고 부탁했습니다.

참여자들은 처음 보는 사람과 얼마나 길게 대화를 나눴을까요? 대화 시간을 재보니 무려 평균 14.2분이라는 결과가 나왔습니다.

또 실험이 끝난 뒤 기분을 묻자 대화를 나눈 참여자들이 대화하지 않은 쪽에 비해 더 많이 무척 기분 좋게 이야기해 행복해졌다고 답변했습니다.

상대를 잘 알지 못하더라도 그와 대화를 나누면 행복해질 수 있습니다. 하루를 기분 좋게 보내고 싶다면 거리낌 없이 적극적으로 말을 걸어보면 어떨까요? 짧은 한두 마디라도 상관없습니다.

마트나 편의점에서 여러분이 좋아하는 상품을 손에 들고 있는 손님과 마주친다면 "저도 그 과자 정말 좋아해요" 하고 말을 걸어보기 바랍니다. 그러면 상대도 웃으며 "저도 좋아해요" 하고 답할 것입니다.

공원을 산책할 때 반려동물을 데리고 온 사람이 있으면 "강아지가 귀엽네요" 하고 짧게 말을 건네도 좋습니다. 반려동물 칭찬을 싫어할 사람은 거의 없을 테니 아마 상냥하게 미소 지어줄 것입니다.

이렇듯 누군가와 짧게 대화를 나누는 것만으로도 일상이 행복해질 수 있습니다. 처음에는 어색하고 긴장되겠지만 익숙해지면 누구에게나 다가갈 수 있을 것입니다.

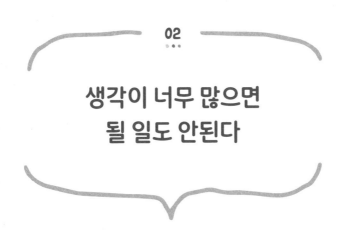

생각이 너무 많으면
될 일도 안된다

❀❀　　사람들은 가끔 특별한 비법을 궁금해하다 기본적인
방법을 잊습니다. 만약 여러분이 누군가에게 부탁해야 한다면
이것저것 따지지 말고 뭔가를 해줄 수 있는지 지극히 평범하게
물어보면 됩니다. 그러면 긍정의 회신이 맥 빠질 정도로 자주
돌아온다는 사실을 깨달을 것입니다.

　미국 고급 백화점 체인 기업 마셜필드앤컴퍼니의 창업자인
고故 마셜 필드는 지금도 미국 역대 부자 순위에 꼽힐 정도로

거액의 부를 쌓은 인물입니다.

한번은 그의 어머니가 시카고대학교에 100만 달러를 기부한 적이 있는데, 이 사건으로 같은 시카고 지역의 노스웨스턴대학교에서 한바탕 소란이 일어났다고 합니다. 이사회에서 '왜 우리는 기부를 받지 못했을까?'라는 안건으로 회의를 소집한 것이지요. 그들은 "커리큘럼에 매력이 없었기 때문일까요?" 등 많은 의견을 냈지만 이렇다 할 결론을 내지 못했습니다.

결국 이사 중 한 명이 필드 부인에게 연락해 왜 기부해 주지 않았는지 머뭇거리며 물었는데, 부인이 들려준 답은 아주 명쾌했다고 합니다.

"어머, 노스웨스턴대학교는 기부해 달라고 부탁하지 않았으니까요."

그저 평범하게 기부해 달라고 부탁하면 됐던 것입니다. 현실에서는 의외로 비슷한 일이 많이 발생합니다.

미국 컬럼비아대학교의 프랜시스 플린은 학생들에게 이렇게 물었습니다.

"모르는 사람에게 10분 정도 걸리는 설문조사를 부탁하고 있습니다. 다섯 명의 참여를 목표로 한다면 몇 명에게 말을 걸어야 할까요?"

그러자 평균 20.5명이라는 대답이 돌아왔습니다. 그런데 실제로는 어땠을까요? 평균 10.5명에게 말을 거는 것으로 목표치를 달성할 수 있었습니다. 이어서 폴린은 두 번째 질문을 던졌습니다.

"여러분이 다른 사람의 휴대전화를 빌리려 합니다. 이때 세 명의 휴대전화를 빌리기까지 몇 명에게 말을 걸어야 할까요?"

학생들은 평균 10.1명에게 말을 걸어야 할 것으로 예상했지만 이번에도 불과 6.2명에게 물어본 것으로 목표치를 달성할 수 있었습니다. 마지막으로 폴린은 이렇게 물었습니다.

"멀리 떨어진 캠퍼스 시설까지 길 안내를 받으세요. 한 명에게만 받으면 됩니다."

학생들은 평균 7.2명에게 물어야 성공할 것으로 예측했지만 실제로는 2.3명에게 부탁한 것만으로 캠퍼스 안내를 받을 수 있었습니다.

우리는 다른 사람이 친절함을 베풀 가능성을 굉장히 낮게 잡는 경향이 있습니다. 일부러 못되게 굴거나 악마같이 행동하는 사람은 그리 많지 않습니다. 지극히 평범하게 부탁하면 대개 "좋아요"라고 답해줍니다. 따스한 사람도 충분히 많이 존재한다는 사실도 알아두면 어떨까요?

03

사람들이 친절해지는
장소는 따로 있다

사람은 무의식적으로 처한 상황에 영향을 받습니다. 같은 사람이 똑같은 일을 한다 해도 어떤 상황에 놓였는지에 따라 상대방에게 차갑게 대꾸하거나 아주 따뜻한 태도를 보이곤 하지요.

프랑스 파리-데카르트대학교의 르보머 라미는 장소에 따라 사람들의 부탁 응답률에 차이가 있는지 비교했습니다.

실험 전 세운 가설은 '사람들은 다른 곳보다 교회나 병원, 꽃집 앞 등 사랑의 이미지가 떠오르는 장소에서 더 상냥해질 것이다'였습니다. 라미는 이를 검증하기 위해 다리를 다친 여성이 병원이나 교회 앞에서 소지품을 떨어뜨렸을 때 그 앞을 지나던 사람이 그것을 주워주는지 살폈습니다.

결과는 어땠을까요? 병원 앞에서 물건을 떨어뜨렸을 때는 통행인의 91.6퍼센트, 교회 앞에서는 75퍼센트, 꽃집 앞에서는 87.5퍼센트가 물건을 주워주거나 줍는 것을 도왔습니다. 반면 경기장 앞이나 은행 앞, 큰길 등에서는 평균 68.7퍼센트밖에 도와주지 않았습니다. 라미의 가정대로 장소에 따라 사람들의 친절도가 달라진 셈입니다.

우리 일상에도 이 실험 결과를 적용할 수 있습니다. 이를테면 길거리 설문조사 등 사람들의 참여가 필요한 활동을 할 때도 대로변보다 병원이나 꽃집 앞이 최적의 장소라는 뜻이지요.

헌혈을 예로 들어볼까요? 헌혈 캠페인은 보통 유동 인구가 많은 전철역과 버스 정류장 앞에서 이뤄집니다. 하지만 이런 곳에서 좋은 결과를 기대하기 힘듭니다. 사람들이 바쁘게 제 갈 길을 가기 때문이지요. 이 경우 꽃집이나 예쁜 카페 앞으로 장소를 바꿔보면 좋을 것입니다.

참, 마음에 드는 이성의 연락처를 물어볼 때도 마찬가지라고 합니다.

프랑스 남브르타뉴대학교의 니콜라 게겐은 장소에 따라 여성들의 부탁 응답률에 차이가 있는지 알아보기 위해 재미있는 실험을 했습니다.

그는 남성 참여자 다섯 명을 여러 장소로 보내 18~25세 정도로 보이는 여성에게 "매력적이시네요. 연락처를 알려줄 수 있나요?"라고 요청하도록 했는데, 결과는 다음과 같았습니다.

남성이 연락처를 물어본 장소	연락처를 알려준 여성의 비율
꽃집 앞	24퍼센트(78/200명)
케이크 가게 앞	15.5퍼센트(31/200명)
구두 가게 앞	11.5퍼센트(23/200명)

출처 : Guéguen, N., 2012

이렇게 보니 꽃집 앞은 여러 가지 부탁을 하는 데 안성맞춤인 장소가 아닐까 싶습니다.

04

눈빛 한 번
교환했을 뿐인데

❀❀   부탁을 할 때 상대방의 거절 확률을 낮추는 요령이 있습니다. 바로 상대방과 제대로 눈을 맞춘 뒤에 부탁하는 것이지요.

동료에게 일을 도와달라고 요청해야 하는 상황이라고 가정해 보겠습니다. "○○ 씨!" 하고 이름을 부르면 상대방이 이쪽으로 고개를 돌릴 텐데, 이때 핵심은 그와 시선이 제대로 마주쳤는지 확인한 뒤에 "부탁이 있어요"라고 말해야 한다는 것입니다. 눈이 마주치지 않았다면 부탁하지 않는 편이 좋습니다.

이 순서를 밟으면 상대는 눈이 마주치지 않았을 때보다 두 배 높은 확률로 부탁을 순순히 들어줄 것입니다.

미국 템플대학교의 캐롤린 햄릿은 교사의 지도를 따르지 않는 11세의 제시카와 네이선을 대상으로 재미있는 실험을 진행했습니다. 사전에 관찰하니 교사가 "연필을 내려놓으렴" "앉으렴" 등 10가지 부탁을 했을 때 제시카는 두 번, 네이선은 세 번밖에 말을 듣지 않았습니다.

이에 햄릿은 교사에게 '눈 맞추고 부탁하기 기술'을 전수했습니다. 먼저 "제시카!" 또는 "네이선!" 하고 이름을 한 번 부르게 한 뒤, 아이들이 2초 안에 눈을 마주치지 않으면 다시 이름을 불러 똑바로 눈을 마주하게 했습니다. 눈을 마주친 상태에서 지시하게끔 말이지요.

그러자 제시카는 여섯 번, 네이선은 일곱 번이나 지도에 따랐습니다. 눈만 마주쳤을 뿐인데 상대의 요구를 수용하는 비율이 두 배나 높아진 것이지요.

엄청나지 않나요? 다른 사람에게 부탁을 잘하는 사람은 무의식적으로 이 기술을 사용합니다. "○○ 씨, 부탁해요!"라고 말하면서 눈을 치켜뜨고 지그시 상대방의 눈을 쳐다보지요. 이렇게 하면 대부분은 순순히 부탁에 응합니다. 상대에게 두려움이나 호감을 느껴서가 아닙니다. 눈을 바라보고 부탁했기 때문입니다.

그런데 안타깝게도 남성들은 여성에 비해 이 기술을 곧잘 사용하지 못합니다. 상대방의 눈을 쳐다보는 데 거북함을 느끼는 경우가 많기 때문입니다. 혹시 여러분도 그렇다면 익숙해질 때까지 반복해야 이 기술을 실천할 수 있다는 점을 기억하기 바랍니다.

05

싫어도 따르게 되는
의견의 비밀

일본인들은 주변의 생각을 따르는 경향이 강합니다. 예를 들어 대다수가 어떤 문제에 대해 A라는 의견을 지지한다고 하면 다르게 생각할지라도 동의한다고 말하지요. 다수의 의견을 따르지 않으면 불안해지기 때문입니다.

코로나19 바이러스가 처음 전 세계를 강타했을 때 세계보건기구의 권유에 따라 모든 국가에서 국민들에게 마스크 착용을 권장했습니다. 일부 국가에서는 따르지 않았던 모양이지만 일본에서는 거의 모든 사람이 어디서나 마스크를 착용했습니다.

이유는 명확했습니다. 다른 사람도 모두 마스크를 썼기 때문이었지요. 이렇듯 일본 사회는 모두가 좋다고 할 때 거부 의사를 밝히기 어려운 분위기입니다.

　다수에 밀려 소수가 의견을 밝히기 어려운 사회 분위기는 분명 개선될 필요가 있습니다. 그렇지만 다수의 의견을 부각하는 것이 무조건 나쁘지만은 않습니다. 적어도 누군가를 설득할 때 다수의 의견을 근거로 사용하면 효과적이지요.

　미국 아칸소대학교의 제시카 놀란은 사람들에게 에너지를 절약해야 한다고 권할 때 어떤 홍보 문구가 더 효과적인지 알아보고자 실험을 진행했습니다.

　'에너지 절약을 위해 불필요한 전등을 꺼주세요'라는 평범한 문구와 '당신이 사는 지역에서는 주민의 99퍼센트가 에너지 절약에 협조하고 있습니다'라는 홍보 문구를 보여준 뒤, 언제 더 에너지를 절약하려 노력하는지 비교한 것입니다.

　그 결과, 놀란은 후자의 표어를 본 사람이 더 많이 에너지 절약을 위해 힘썼다고 발표했습니다.

　아무리 이상한 규칙이라 해도 많은 사람이 따르면 효과가 있다는 뜻이기도 합니다. 마음속으로는 따르고 싶지 않아도 주변에서 하면 어쩔 수 없다고 생각하며 따른다는 것이지요.

벌써 몇십 년 전의 이야기지만 제가 다닌 중학교에는 남학생은 머리카락을 짧게 깎아야 한다는 교칙이 있었습니다. 한창 꾸미고 싶은 나이인 사춘기 소년들의 마음을 헤아리지 않은 교칙이었지요. 저 역시 정말 따르기 싫었지만 친구들이 모두 삭발을 했기에 결국 포기하고 받아들였습니다.

사람들은 기쁜 일이 생기면 여러 방식으로 표출합니다. 함성을 지르기도 하고 감격해 눈물을 흘리기도 하지요. 운동경기에서도 득점한 선수가 감독을 껴안거나 세리머니를 하는 모습을 쉽게 볼 수 있습니다.

그런데 일본 고교야구에서는 승리의 기쁨을 행동으로 나타내서는 안 됩니다. 패배한 상대 선수에게 실례라고 여기기 때문이지요. 누군가는 이상한 미학이라고 생각하겠지만 어쨌든 일본 야구선수들은 기쁠 때도 펄쩍 뛰지 않도록 주의합니다. 참 신기하지 않나요?

06

갈등 없이
하고 싶은 말을 하는 법

🌷🌺 　　누군가가 문제 행동을 하고 있을 때 면전에 대고 지적하면 곤란해질 수 있습니다. 누구에게나 지키고 싶은 체면이 있고, 망신을 당하면 상대에게 원망을 쏟아내기 때문입니다.

예를 들어 여러분이 직장에서 동료 중 한 명이 식사 비용을 법인카드로 결제한다는 것을 알았다고 가정해 봅시다. 또는 후배가 근무시간 중에 카페에서 반복적으로 게으름 피우는 것을 알았다고 해봅시다. 이런 행동을 그만두게 하려면 어떻게 해야 할까요?

이때 효과적인 기술이 바로 소문을 이용한 가십법입니다. 누군가에게 들은 이야기라면서 간접적으로 문제 행동을 언급해 행위자 스스로 문제를 깨닫게 하는 방법이지요. 상대는 체면을 구기지 않고 우리는 하고 싶은 말을 하니 일석이조라고 할 수 있겠습니다. 바로 이런 식으로 말입니다.

"우리 회사는 법인카드로 개인 식사를 결제하는 걸 들키면 바로 해고래."

"그 이야기 들었어? 근무할 때 온라인 불법 도박을 하다가 들켜서 그날로 해고된 사람이 있대."

이렇게 지나가듯 이야기해 주면 위기감을 느낀 상대방이 행동을 조심하게 됩니다. 핵심은 다른 사람의 이야기라는 것을 언급해야 한다는 점입니다. 그래야 받아들이는 쪽이 쉽게 수용하기 때문이지요.

미국 캘리포니아대학교의 매슈 페인버그는 자꾸 주변과 갈등을 일으키는 사람들에게 특정 행동을 한 A가 미움받는다는 소문을 들려준 뒤 사람들이 어떻게 반응하는지 살폈습니다.

그러자 사람들은 '어휴, 큰일 날 뻔했어, A처럼 행동하면 안 되겠네' 하고 조심하기 시작했습니다. 소문에 사람의 행동을 억제하는 효과가 있다는 사실이 밝혀진 셈이지요.

만약 이웃에서 반려견을 키우는 사람이 산책할 때 배변을 치우지 않아 불만이라면 잡담을 할 때 "우리 동네에서는 강아지 배변을 치우지 않으면 조례 위반이라 과태료를 내야 한대. 그냥 공공장소 예절을 지키지 않은 것 정도로 생각했는데 아니었지 뭐야?"라고 가볍게 말해보면 어떨까요? 다음부터 배변 봉투를 소지하고 다니면서 조심하기 시작할 것입니다.

어떤 소문은 진실보다
누군가의 바람에 가깝다.

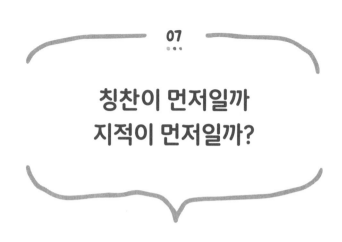

07

칭찬이 먼저일까
지적이 먼저일까?

♀❀　　　드라마나 영화를 보다 보면 주인공이 이런 질문을
받는 장면이 자주 등장합니다.

"좋은 소식이 있고 나쁜 소식이 있습니다. 어떤 소식을 먼저
들으시겠어요?"

　　여러분이 이런 상황에 놓였다고 가정해 봅시다. 더 현명한 선
택은 무엇일까요?

결론부터 말하자면 좋은 소식을 먼저 접하는 편이 좋습니다. 나쁜 소식을 듣고 생긴 부정적인 인상이나 가라앉은 기분을 긍정적으로 바꾸기란 상당히 어렵기 때문입니다.

호주 멜버른대학교의 브렌트 코커는 온라인상 평가의 순서가 호텔 평판에 미치는 영향을 살피기 위해 실험을 진행했습니다.

그는 참여자들을 둘로 나눈 뒤 한쪽에는 좋은 평가에서 나쁜 평가 순서로, 다른 쪽에는 반대 순서로 호텔 평을 읽도록 했습니다.

그러자 긍정적인 평가를 먼저 읽은 참여자들이 호텔을 더욱 좋게 평가한다는 결과가 나왔지요.

평가의 순서가 사람들의 심리에 미치는 영향은 큽니다. 부정적인 평을 먼저 읽으면 좋지 않은 선입견이 생기기 때문입니다. 그 후에는 아무리 극찬하는 호평을 본다 해도 처음에 받은 나쁜 인상을 지우기 힘듭니다.

긍정적인 평이 부정적인 평보다 압도적으로 많다 해도 마찬가지입니다. 호텔이든 식당이든 옷 가게든 검색했을 때 가장 상단에 부정적인 평가가 나온다면 이후로도 나쁘게 평가될 가능성이 높습니다. 그러니 사업체를 운영하는 사람이나 마케터라면 회사에 대한 부정적인 평가가 제일 앞에 오지 않도록 관리해야 합니다.

최근에는 상품을 판매하고 서비스를 제공하는 모든 직종에서 SNS와 블로그 후기 등 온라인 마케팅에 상당한 비용을 사용합니다. 사람들이 사용 또는 방문 후기를 검색해 평가를 본 다음 결정을 하는 경우가 늘어났기 때문입니다.

기업들이 인플루언서들에게 무료로 상품과 서비스를 제공한 뒤 긍정적인 평가를 써달라고 요청하는 것도, 전문적으로 상품평을 작성하는 아르바이트까지 생긴 것도 모두 같은 이유입니다.

설득 기법의 하나로 양면 제시라는 기술이 있습니다. 장점만 보여주기보다 단점도 함께 전달해야 내용의 신뢰도와 설득력이 높아진다는 원리를 이용한 방법이지요. 하지만 이때도 단점을 먼저 언급하면 실패하니 주의해야 합니다. 처음에는 긍정적인 정보를 보여줘야 하지요.

채소 가게의 홍보 문구를 써야 하는 상황이라고 가정해 보겠습니다. '철저히 저렴한 가격을 고집합니다. 단 일부 채소의 모양이 고르지 않을 수 있습니다'라고 적으면 고객들은 채소 상태에 의문을 가지지 않고 제품을 구매할 것입니다. 그런데 문장의 순서를 바꿔 '고르지 않고 벌레 먹은 채소입니다. 다만 저렴합니다'라고 적으면 어떨까요? 상한 채소라고 생각해 구매하지 않을 것입니다.

만약 여러분이 누군가를 설득해야 한다면 제안하는 내용의 장점부터 말해보면 어떨까요?

08

말이 통하면
다른 부분에서도 통한다

우리가 어떤 제품을 판매해야 하는 영업자나 마케터라고 가정해 보겠습니다. 고객에게 상품을 어떻게 소개해야 더 관심을 보일까요?

이럴 때 효과적인 방법이 있으니 바로 영업과 전혀 관계없는 대화로 고객에게 친밀하게 다가가는 것입니다. 판매자와 고객 사이에 유대감이 생기면 고객이 거부감 없이 설명을 듣고, 더 나아가 구매할 가능성도 높아지기 때문입니다.

폴란드 오폴레대학교의 다리우시 돌린스키는 사소한 대화가 제안의 승낙 여부에 미치는 영향을 연구했습니다.

그는 여성 도우미를 시켜 홀로 거리를 걷는 행인에게 의약품 목 캔디를 사줄 수 있는지 물었습니다. 이때 어떤 경우에는 부탁하기 전에 가볍게 잡담할 것을 요청했고, 또 어떤 경우에는 구매해 줄 수 있는지부터 물어보라고 일렀지요.

그러자 전자의 조건에서는 50명 중 11명이 제안에 응했고 후자의 조건에서는 50명 중 세 명밖에 응하지 않았습니다.

이어서 돌린스키는 도우미에게 "2월의 평균기온을 아시나요?" "날씨가 사람의 건강에 영향을 준다고 생각하시나요?" 등 질문을 바꿔가며 대화하도록 했는데, 어떤 말을 하든 약간 잡담을 한 뒤에는 승낙률이 높아지는 결과가 나왔습니다.

뭔가를 부탁하기 전 사소한 이야기로 친밀함을 끌어내는 것은 직무를 떠나 관계를 맺는 효과적인 대화 방법입니다. 누구든 여러 상황에서 유용하게 쓸 수 있다는 뜻이지요.

만약 상대방에게 원하는 것이 있거나 긍정적인 반응을 끌어내고 싶다면 바로 본론을 꺼내기보다 사소한 대화로 시작해 마음의 거리를 좁혀봅시다. 특히 함께 일을 해야 하는 사이라면 상대와 유대감이 생겨 서로를 존중하며 작업할 수 있고, 그럴 때 더 좋은 결과물이 나옵니다.

이를테면 저는 편집자와 기획 원고에 관해 미팅할 때 처음에는 일과 관계없는 이야기를 많이 합니다. 중요한 안건은 거의 언급하지 않지요. 대화의 거의 80~90퍼센트가 잡담인데, 그러다 보면 편집자와 점점 마음이 통하는 것이 느껴집니다.

직장에서 자주 협업해야 하는 사람이 있다면 평소 그와 자주 잡담을 해두면 좋습니다. 엘리베이터나 탕비실에서 만나면 간단히 한두 마디 건네는 것이지요. 그러면 언젠가 부탁할 일이 생겼을 때 흔쾌히 수락해 줄 확률이 커집니다.

이웃과도 마찬가지입니다. 단 한 마디라도 좋습니다. 대화를 이어나가는 것이 어렵다면 "안녕하세요"하고 활기차게 인사를 건네보기 바랍니다. 차곡차곡 친밀감을 쌓아두면 곤란한 일이 생겼을 때 이웃들이 도와줄 것입니다.

먼저 말을 걸고 대화하는 것에 능숙하지 못한 사람도 있을 텐데 오히려 그럴수록 시도해야 합니다. 익숙해져야 능숙하게 대화하고 좋은 관계를 맺을 수 있을 테니 말입니다.

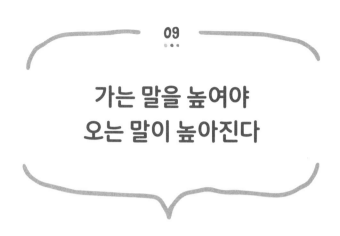

가는 말을 높여야
오는 말이 높아진다

누군가를 사귈 때 관계의 만족도를 높이는 방법이 있습니다. 바로 상대방을 높이 평가해 주는 것이지요. 심리학에서는 이를 긍정적 착각 또는 긍정적 환상이라고 부릅니다.

다른 사람들의 생각은 중요하지 않습니다. 우리가 누군가를 좋아하고 있다면 우리 눈에는 그 사람이 세상에서 제일 멋져 보이는 법입니다. 이런 관점에서 상대방을 늘 후하게 평가하고 대단하다고 말한다면 상대와 나 모두 행복해질 수 있습니다. 미국 미시간대학교의 테리 콘레이는 레즈비언 커플 784쌍, 게

이 커플 969쌍, 함께 살지 않는 이성애자 커플 4,287쌍, 동거 중인 이성애자 커플 645쌍을 대상으로 관계 만족도를 조사했습니다. 동시에 배려심, 성적 매력도 등 16가지 항목에 관해 자신과 파트너의 점수를 매기도록 요청했지요.

그 결과 어떤 커플이든 자신보다 연인에게 더 높은 점수를 준 사람일수록 관계에 대한 만족도가 높은 것으로 나타났습니다. 예를 들어 성적 매력도 항목에서 자신에게는 50점, 연인에게는 90점을 준 사람이 관계 만족도가 훨씬 높았던 것이지요. 이는 어느 커플이든 모두 동일했습니다.

이렇듯 누군가를 사랑하고 사귈 때 상대방에 비해 내가 부족하며, 나보다 상대가 나보다 더 귀중하다고 생각하면 서로가 행복해집니다. 상대방을 객관적으로 판단하려 하기보다 어느 정도 긍정적인 시선으로 왜곡해서 바라보는 편이 딱 좋을지도 모른다는 뜻이지요.

연인이 아닌 다른 관계에서도 마찬가지입니다. 친구 사이에서도 상대가 나에게 아까울 정도로 멋지다고 생각하는 편이 좋습니다.

회사의 경영자라면 직원들이 내 밑에 있기에는 지나치게 뛰어난 인재들이라고 생각하며 존중해야 합니다.

부모 자식 사이도 그렇습니다. 뛰어나지 못한 부모 밑에서 더할 나위 없이 잘 자라주고 있다고 생각하며 소중히 대해야 아이들도 행복해집니다.

사랑하는 연인과 배우자를 깎아내리는 사람, 직원을 함부로 대하는 경영자, 학생의 잠재력을 무시하는 교사는 절대 상대의 호감을 얻을 수 없습니다. 우리는 우리를 업신여기며 깔보는 사람을 절대 좋아할 수 없으니 말입니다.

좋은 인간관계를 맺고 싶다면 항상 상대방에게 감사하는 마음을 가져야 합니다. 부족한 나와 함께해 줘서 고맙다고 말하면 원만한 관계를 맺고 이어나갈 수 있습니다.

10

아이의 마음을
움직이는 부모의 말

🌢🌷　　경제적 이익을 목적으로 하는 상업광고와 달리 공공의 이익을 목적으로 하는 비상업적 광고를 공익광고라 부릅니다. 전담 정부 기구가 따로 있는 만큼 관련 캠페인을 TV는 물론 전철역과 고층 빌딩 전광판, 거리 곳곳에 붙은 포스터와 눈에 띄는 곳에 걸린 현수막에서 자주 볼 수 있지요.

공익광고 캠페인에서 다루는 주제는 금연, 마약 추방, 교통안전, 질병 예방 등 다양합니다. 선거가 다가오면 선거 독려 캠페인을 진행하기도 하지요. 당연히 청소년 문제도 다루는데, 보통은 음주와 담배, 마약 등을 하면 안 된다는 내용이 주를 이룹니다. 그런데 청소년을 대상으로 한 공익광고는 과연 얼마나 효과가 있을까요?

결론부터 말하자면 캠페인 자체에는 그리 큰 효과가 없습니다. 다만 부모와 자녀의 대화를 촉진한다는 장점이 있지요.

호주 퀸즐랜드대학교의 토머스 모턴은 청소년 마약 근절 캠페인의 효과를 알아보기 위해 청소년들을 대상으로 마약을 하면 안 된다고 생각한 계기를 조사했습니다.

그 결과 캠페인 자체에 영향을 받았다기보다 캠페인을 계기로 부모와 대화를 나눴고, 덕분에 마약을 하지 말아야겠다고 결심했다고 답한 비율이 높았습니다. '마약에는 의존성이 있습니다' '마약에 손을 대면 인생이 망가집니다' 같은 홍보 문구를 봤을 때보다 캠페인을 본 부모와 '만약 친구가 마약을 권하면 어떻게 해야 할까?'를 주제로 이야기하면서 마약을 하면 안 되겠다고 깨달았다는 것입니다.

부모와 자녀 간 소통의 계기를 만들어 준다는 측면에서 보면 캠페인의 효과가 좋다고 볼 수 있습니다. 캠페인이 없으면 대화의 기회 자체를 마련하기가 힘들 테니 말이지요.

그러니 청소년 공익광고에 꼭 들어가야 하는 내용을 꼽자면 '이 문제를 부모와 아이가 꼭 함께 이야기해 보세요'라는 취지의 문구가 아닐까 싶습니다. 캠페인의 순기능을 강화할 수 있을 테니 말이지요.

담배와 술이 몸에 나쁘고 친구에게 폭력을 휘두르면 안 된다는 것 등은 가정에서 가르쳐야 할 내용입니다. 하지만 사춘기 아이들과 대화를 나누는 부모가 얼마나 될까요?

만약 자녀들과 자주 이야기하지 않는 부모라면 캠페인이 눈에 보일 때 "마약이라고 하니까 말이야…" 하고 화제를 꺼내보면 좋을 것입니다. 아이를 나쁜 길에 들어서지 않게 하는 데는 부모와의 진솔한 대화가 무엇보다 효과적이니 말입니다.

11

어떤 칭찬은
고래를 화나게 한다

칭찬은 기본적으로 좋은 일입니다. '기본적으로'라는 말을 일부러 붙인 이유는 상황에 따라 칭찬을 삼가야 하는 경우도 있기 때문입니다.

캐나다 매니토바대학교의 켈리 메인에 따르면 옷 가게 직원이 손님에게 옷이 잘 어울린다고 칭찬하면 손님은 기분 좋아하기보다 직원의 성실성을 의심한다고 합니다. 직원이 매출을 높이기 위해 과장한다고 생각하는 것이지요.

이처럼 우리의 진심을 '어차피 빈말이겠지' '칭찬하면 내가 좋아할 줄 아나?' 하고 상대가 의심할 만한 상황에서는 오히려 칭찬을 피하는 편이 좋습니다. 괜한 오해를 살 수도 있으니 말입니다.

안이하게 칭찬해서도 안 됩니다. 누군가와 친해지고 싶다고 그의 외모나 장신구, 꾸밈새를 과하게 칭찬하면 '이 사람은 그저 내 얼굴이나 걸친 것이 마음에 들어서 친해지고 싶은 건가?' 하고 기분 나빠할 수도 있기 때문입니다.

앞서 상대방을 나보다 높이 평가하는 긍정적 착각에 관해 이야기했습니다. 이번에는 칭찬하지 않는 편이 좋다고 말하니 모순적이라고 느낄 수도 있지만 이 둘은 전혀 상충하지 않습니다.

긍정적 환상은 '진심으로' 상대를 높이 평가하는 것이기 때문이지요. 예를 들어 진심을 담아 상대방에게 "세상에서 제일 귀여워"라고 말한다면 눈도 반짝반짝 빛나고 말에도 애정이 묻어날 것입니다. 상대방도 그런 비언어적 표현을 느끼고 기뻐하겠지요. 반면 진심이 아닌 칭찬은 말하는 사람은 눈치채지 못하더라도 상대는 금방 알아채기 마련입니다.

인간관계 비법이나 리더십에 관한 책을 읽으면 상대방을 칭찬해 기분 좋게 만들라는 조언이 담겨 있습니다. 하지만 진심을 담아 말하지 않을 바에는 칭찬하지 않는 편이 좋습니다. 마음이 담기지 않은 칭찬을 하면 오히려 우리의 의도와 진심이 도마 위에 오르니 말입니다.

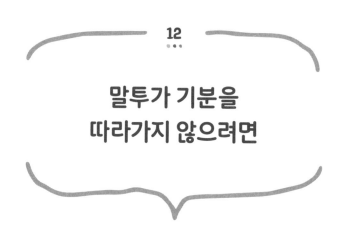

말투가 기분을
따라가지 않으려면

감정이 격해지면 평소라면 하지 않았을 경솔한 말을 내뱉거나 예의 없게 행동하곤 합니다. 그렇다고 감정을 억눌러도 문제입니다. 해소되지 못한 감정이 곪으면 마음의 병이 되기 때문입니다. 그렇다면 어떻게 해야 감정에 휘둘리지 않고 마음을 잘 다스릴 수 있을까요?

이때는 스스로 어떤 감정을 느끼는지 이름을 붙이고 똑바로 이해하는 연습을 하면 좋습니다. 그러면 신기하게도 감정이 격해질 일은 물론 격해지더라도 드러낼 일이 없어집니다.

누군가에게 화가 난다면 감정대로 행동하기보다 마음속으로 지금 느끼는 감정이 무엇인지 질문하고 답하는 것입니다. 이런 식으로 말이지요.

'지금 내가 느끼는 감정은 무슨 감정일까? 가슴이 답답하고 황당한 걸 보니 분노 같아. 이런, 방금 분노의 감정이 한층 더 강해졌어. 상대가 불쾌한 표정을 짓고 있기 때문인 것 같아. 구체적으로는 짜증이 나는 정도였던 1단계에서 심한 말을 하고 싶은 3단계까지 올랐어.'

이렇게 자신의 감정을 마주하면 자아를 잃고 화내는 일이 줄어들 것입니다.

다른 사람 앞에서 지나치게 긴장해 제 실력을 발휘하지 못하는 사람들에게도 효과적인 방법입니다. 자신이 느끼는 감정을 객관적으로 짚어보는 것이지요.

저 역시 강연을 하거나 많은 사람 앞에서 말할 때 늘 긴장합니다. 그럴 때면 상황과 감정을 객관적으로 바라보기 위해 마음속으로 이렇게 생각합니다.

'손이 떨리고 심장이 쿵쾅쿵쾅 뛰기 시작했어. 자주 하는 일이지만 익숙해지지 않네. 목소리도 떨리고 있는 것 같아. 이쯤

되면 긴장했다기보다는 공포감 또는 불안함을 느끼고 있는 것 같아. 그야말로 호랑이 앞 토끼 같네.'

저는 이 과정을 마치면 마음이 진정돼 차분하게 행동할 수 있었습니다.

캘리포니아대학교 로스앤젤레스 캠퍼스의 매슈 리버먼은 분노와 공포를 느낄 때 스스로 어떤 감정을 느끼고 있는지 의식하면 감정에 휘말리지 않는다는 연구 결과를 발표했습니다.

기능성 자기공명영상 장치로 분노와 공포를 느끼는 사람의 뇌파를 관측해 비교한 결과, 감정에 이름을 붙였을 때 부정적인 감정과 관련된 편도체와 대뇌변연계의 활동이 무뎌졌다는 것입니다. 스스로의 감정에 집중하다 보면 뇌가 격렬하게 활성화되지 않아 냉정함을 유지할 수 있다는 뜻입니다.

고객의 불만 사항을 들어야 하는 상황이라면 입으로는 사과를 하되 마음속으로는 현재의 감정을 분석해 보면 어떨까요?

'나는 지금 불합리한 질책을 받고 있어. 도대체 이 질책은 언제까지 계속될까? 난처하네.'

생각에 집중하다 보면 고객도 지쳐 불평을 멈출 것입니다.

여러분도 요즘 들어 어떤 일에 쉽게 감정이 격해지고 화가 난다면 한번 마음속으로 감정을 짚어보기를 권합니다. 상당히 도움이 될 테니 말이지요.

한발 떨어져서 보면
아무것도 아닐 때가 있다.

"

어떻게 해야
인간관계가 술술 풀릴까?

"

13

첫 만남부터
끝을 예상하지 말 것

❦❧　　누군가와 얼굴을 맞대고 이야기하는 것을 매우 불편해하는 사람들이 있습니다. 얼굴이 빨개지고 목소리가 떨려 하고 싶은 말을 잘 전하지 못하기 때문입니다. 하지만 이렇게 수줍음 많은 사람들이 인간관계를 기피한다고 생각한다면 이는 큰 오해입니다. 내성적이어도 친구를 사귀고 싶어 하고 다양한 사람과 대화 나누고 싶어 합니다. 소극적인 성격 탓에 먼저 다가가기를 주저하거나 의사소통에 서투를 뿐이지요.

　그렇다면 수줍음이 많은 사람들은 어떻게 해야 더 수월하게 인간관계를 맺을 수 있을까요? 계속 불편한 관계만을 맺어야 할까요? 아니, 그렇지 않습니다. 기술의 발전에 따라 누구든 쉽게 친구를 사귈 수 있게 됐기 때문입니다.

인터넷은 혼자서도 무엇이든 할 수 있게 도와주는 마법의 도구입니다. 특히 최근에는 SNS의 발달에 따라 온라인으로 아주 쉽게 관계를 맺을 수 있습니다.

네덜란드 암스테르담대학교의 요헨 피터에 따르면 수줍음이 많으면 인간관계 기술도 뛰어나지 않은 경우가 많다고 합니다. 그래서 현실에서는 누군가와 어울리기 힘들어하는 것이지요. 반면 온라인에서는 스스로를 잘 내보일 수 있어 친구를 사귀기 쉽다고 합니다.

온라인으로만 교류하면 현실에서 직접 만나는 관계에 비해 즐거움이 적지 않을까 하는 의문이 들 것입니다. 이 역시 문제없다는 연구 결과가 있습니다.

미국 뉴욕대학교의 케이틀린 맥켄나는 평균 나이 32세의 남성 234명과 여성 333명을 대상으로 온라인에서 만난 관계가 어느 정도까지 깊어지는지 조사했습니다.

그 결과 온라인으로 만난 관계의 63퍼센트는 상대와 전화 통화까지 하는 사이로 발전했으며 54퍼센트는 실제로 만나기까지 했다고 합니다. 온라인상 친분에 그치지 않고 오히려 이를 계기로 현실에서도 친구가 된 것이지요.

또한 추가 실험에서 직접 만나 대화할 때와 온라인상에서 이야기할 때 서로에게 느끼는 호감도를 조사한 결과 온라인에서 교류할 때 더 쉽게 호감을 느낀다는 사실이 밝혀졌습니다. 내성적인 사람도 온라인에서는 자신의 진정한 모습을 잘 드러냈기 때문입니다.

온라인에서 깊은 관계를 맺을 수 없다고 생각한다면 이는 큰 오산입니다. 오히려 현실의 인간관계보다 더 즐거울 수 있습니다. 서로 마음을 열고 나면 통화를 하거나 직접 만나기도 하며 더 깊은 관계로 발전할 수 있지요. 이런 단계를 밟다 보면 수줍음이 많은 사람도 크게 긴장하지 않고 친구를 만들 수 있지 않을까요?

14

좋아해서 닮아간다
vs. 닮아서 좋아진다

🌷🌸 　　사람은 외양이든 생각이든 자신과 닮은 부분이 있거나 동질감을 느끼는 상대에게 더욱 친절해집니다. 누구에게든 공평하게 대하는 사람도 있기야 하지만 기본적으로 더 친밀감을 느끼는 쪽에 도움과 친절을 베풀기 마련입니다. 첩보물 드라마나 영화에서도 주인공이 누군가에게서 정보를 빼내기 위해 그 사람이 자주 가는 장소나 그의 취미를 파악해 접점을 만드는 장면이 더러 나오지 않던가요?

　이처럼 누군가에게 부탁을 해야 하는 상황이라면, 도움을 받아야 하는 상황이라면 상대와의 공통점이나 유사점을 어필하며 다가가면 좋습니다.

영국 랭커스터대학교의 마크 레빈은 축구단 맨체스터유나이티드FC의 남성 팬 35명을 대상으로 1년간 경기 관람 횟수와 기억에 남는 경기 등을 묻는 등 간단한 축구 관련 설문조사를 실시했습니다. 참여자들이 답변을 마치면 "이제 다른 건물로 이동해 큰 스크린이 있는 방에서 축구 경기를 볼 겁니다"라고 말하며 이동시켰는데, 사실 진짜 실험은 건물로 가는 길목에서 진행됐습니다.

레빈은 참여자들의 동선에 도우미를 배치해 다리를 삔 척 주저앉아 참여자들에게 도움을 청하도록 지시했습니다. 이때 도우미는 맨체스터유나이티드FC와 경쟁 구단인 리버풀FC 셔츠, 그리고 일반 셔츠를 무작위로 바꿔 입었습니다. 참여자들이 자신과 같은 옷을 입은 사람과 그렇지 않은 사람에게 도움을 주는 정도가 달라지는지 관찰하는 것이 실험의 진짜 목적이었기 때문입니다.

각각의 조건에서 참여자들이 도우미에게 괜찮은지 묻거나 그가 일어나도록 부축한 횟수는 다음과 같았습니다.

다리를 삔 사람의 복장

	맨체스터유나이티드FC	일반 셔츠	리버풀FC
도운 사람	12명	4명	3명
돕지 않은 사람	1명	8명	7명

출처: Levine, M., et al., 2005

도우미가 참여자들과 같은 응원복을 입었을 때 거의 100퍼센트 도와준다는 통계가 나온 것입니다. 다른 팀의 유니폼을 입고 있으면 굳이 돕지 않았다는 사실도 알 수 있습니다.

이 결과를 우리 일상에 어떤 식으로 적용할 수 있을까요? 앞서 말한 것처럼 다른 사람에게 부탁하기에 앞서 내가 상대와 얼마나 가까운 사이인지 어필할 수 있겠지요.

"저도 그 음식을 좋아해요" "같은 학교를 나왔네요?" "저도 그 음악을 즐겨 듣는답니다." 등 비슷한 점을 공유하면 가까워지기 쉽고, 부탁할 일이 생겼을 때 상대방이 거절할 확률도 줄어들 것입니다.

"사람은 뜻이 맞는 사람을 친구로 삼는다."

메난드로스

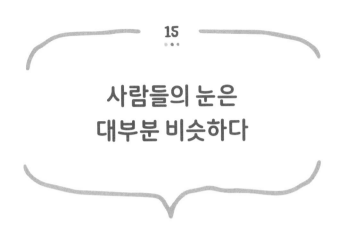

15

사람들의 눈은
대부분 비슷하다

❀❀　　　사람을 판단할 때 겉모습보다 내면을 봐야 한다고들 말하지만 실제로는 외양에 따라 대우가 달라지는 경우가 많습니다. 겉모습에 따라 호의를 베풀거나 냉대하는 것이지요.

미국 코넬대학교의 저스틴 거널은 겉모습에 따라 범죄자에 대한 평가도 달라진다는 연구 결과를 발표했습니다. 미국은 배심원들의 판단으로 유무죄를 판단하는 배심원 제도를 시행하는데, 배심원들이 외양이 매력적이지 않은 피고를 매력적인 피고보다 22퍼센트나 더 높게 유죄로 생각한다는 것입니다. 심지어 그들이 실제로 평균 22개월이나 더 긴 실형을 선고받는다는 사실도 알아냈지요.

　재판은 법률에 따라 공정하고 엄중하게 이뤄져야 하지만 실제로는 그렇게 되기 힘든 모양입니다. 겉모습에 따라 판결이 달라진다니, 굉장히 불합리하게 느껴지지 않나요?

　실제로 세상은 정말 불공평합니다. 같은 실수를 저질러도 "괜찮아, 다음에 열심히 하면 돼" "이번에는 결과가 좋지는 않았지만 고생 많았어" 하고 위로의 말을 듣는 사람이 있는 반면 "대체 뭐 하자는 거야?" 하고 호통을 듣는 사람도 있습니다. 똑같은 결과가 나와도 어떤 사람은 격려받고 또 어떤 사람은 모욕을 당하는 것이지요.

　이런 차이는, 정말 안타깝지만 상대방의 눈에 비치는 겉모습에 따라 달라지는 경우가 많습니다. 불공평하고 불평등하고 부조리하지만 어쩔 도리가 없어 더욱 유감스러울 뿐입니다. 그러니 어떤 일을 할 때 조금이나마 수고를 덜고 싶다면 차림새를 정돈하는 편이 좋습니다.

매번 공들여서 화장하거나 화려한 옷을 입으라는 말이 아닙니다. 거창하지 않아도 됩니다. 한 달에 한 번 정도 미용실에 가서 머리카락을 깔끔하게 정돈하고 복장도 긍정적인 인상을 주는 정도면 충분합니다.

특히 남자라면 더욱 명심해야 합니다. '남자가 무슨 화장이야'라는 편견을 가지고 있다면 당장 생각을 바꿔야 합니다. 최근에는 남성용 화장품도 많아졌으니 관심을 가지고 피부결을 정돈하는 등 단정하게 가꿔야 상대에게 좋은 인상을 남길 수 있습니다.

타고난 외모가 빼어난지 아닌지를 말하는 것도 아닙니다. 잘생겼든 그렇지 않든 스스로를 가꾸는 사람과 그렇지 않은 사람이 받는 대우는 차이가 큽니다. 여러 상황에서 손해를 보게 되는 것이지요. 어쩌면 일도 잘 풀리지 않고 연애도 힘들어지며 친구 사귀기도 힘들어질지도 모릅니다.

여러분이 면접관이라면 단정한 복장을 한 면접자와 구겨진 옷을 입은 면접자, 둘 중 어느 쪽을 뽑고 싶을까요? 소개팅을 할 때도 상대방이 지저분한 모습으로 나오면 불쾌할 것입니다.

겉모습 때문에 좋지 않은 일을 엎친 데 덮친 격으로 겪다 보면 행복을 느끼기 어렵지 않을까요? 외양은 손쉽게 바꿀 수 있고 이에 대한 상대방의 반응도 비교적 빨리 바뀝니다. 반면 내면은 갈고닦는 데 많은 노력과 시간이 필요합니다. 상대방이 이를 알아차리려면 더욱 오랜 시간이 필요하지요.

지금까지 꾸미는 것에 관심이 없었다면 이번 기회에 시도해 보면 어떨까요? 절대 헛되지 않을 것입니다. 참, 노파심에 덧붙이자면 내면 수양을 등한시하라는 뜻은 아니니 오해하지 않기 바랍니다. 시간이 오래 걸릴 뿐 내면 수양 역시 겉으로 드러나기 마련이니 말이지요.

16

좋은 향은
자신감으로 돌아온다

 좋은 향기가 나는 제품은 정말 다양합니다. 향수부터 데오도란트, 향초, 디퓨저, 섬유탈취제 등 셀 수 없지요. 최근에는 원하는 향을 직접 조합해 사용하기도 합니다.

사람들이 향 제품을 애용하는 이유로는 기분 전환이나 청결, 위생 등 여러 이유가 있습니다. 그런데 좋은 향에 따라오는 부가적인 효과도 있다고 합니다. 바로 이성이 느끼는 호감도가 상승한다는 것이지요.

영국 리버풀대학교의 크레이그 로버츠는 실험에 참여한 남자 대학생 35명 중 18명에게는 좋은 향이 나는 데오도란트 스프레이를, 나머지 17명에게는 향이 나지 않는 스프레이를 뿌리도록 요청했습니다. 참고로 좋은 향이 어떤 향이었는지는 논문에 적혀 있지 않아 소개해 줄 수 없는 점에 대해 양해 부탁드립니다.

이어서 로버츠는 그들에게 자기소개를 시키고 이 모습을 촬영했습니다. 그런 다음 여성 여덟 명에게 자기소개 영상을 보여주고 매력도를 평가해 달라고 요청했지요. 그러자 좋은 향이 나는 스프레이를 사용한 남성이 더 높은 매력 점수를 받았습니다.

영상에서는 향이 나지도 않았을 텐데 왜 이런 결과가 나왔을까요? 바로 좋은 향이 작용한 대상이 평가한 여성들이 아닌 스프레이를 사용한 남자들이었기 때문입니다. 좋은 향기를 두른 남자들이 스스로를 매력적이라고 생각한 것이지요. 그래서 자기소개 영상을 찍을 때도 당당하고 자신 있게 행동했고, 그 모습을 본 여자들도 그에게서 매력을 느낀 것입니다.

좋은 향기는 상대가 아닌 스스로의 마음을 바꿉니다. '이렇게 좋은 향기가 나다니, 나 좀 멋있을지도?'라는 믿음이 생기면 말투와 행동이 적극적으로 변하고, 상대방은 이를 보고 호감을 느끼는 것이지요.

만약 마음에 품은 상대에게 다가갈 용기가 나지 않는다면 좋은 향이 나는 제품을 사서 뿌려보면 어떨까요? 이때는 여러분이 좋아하는 향 제품을 고르면 됩니다. 여러분의 자신감을 채울 목적이니 말이지요. 또 향을 뿌릴 때는 잔향이 코끝에 은은하게 남을 정도면 충분하답니다.

17

버티는 자가
승리할 확률이 높은 이유

❧❀　　뉴욕과 런던에는 독신 남녀가 모여 자유롭게 대화를 나누며 술이나 음료, 간단한 음식을 즐기는 싱글즈 바singles bar라는 장소가 있습니다. 이곳처럼 좋은 만남을 기대하며 카페나 바 등을 방문할 때 염두에 두면 좋을 팁이 있습니다. 매너나 에티켓이 아닙니다. 바로 그 장소를 방문하는 시간이지요.

　심리학적 관점에서 만남에 성공하기 좋은 시간대는 따로 있습니다. 바로 마감 직전입니다. 요즘은 마감 시간이 얼마 남지 않았을 때 아예 손님을 받지 않는 곳도 있으니 되도록 늦은 시간이라고도 할 수 있겠습니다.

이 시간대에 입장하면 누군가에게 말을 걸어도 대화가 잘 이어지고 연락처를 교환할 가능성이 커집니다. 연인으로 발전할 가능성도 커진다고 볼 수 있겠지요. 만남의 장소에서는 사람들이 폐점 시간이 가까워질수록 아쉬움을 느끼기 때문입니다.

호주 매쿼리대학교의 컬리 존코는 싱글즈 바의 고객들에게 시간대를 바꿔가며 "지금 가게 안에 있는 이성의 매력을 5점 만점으로 평가한다면 어느 정도인가요?"라고 질문했습니다.

그 싱글즈 바가 문 닫는 시간은 자정이었는데, 설문 결과 사람들은 폐점 시간이 가까워질수록 가게 안 이성의 매력을 높게 평가했습니다. 바로 이렇게 말이지요.

시간 성별	21:00	22:30	00:00
여성	2.64	2.92	3.60
남성	3.31	3.81	4.23

출처 : Johnco, C., et al., 2010

만남의 장소에서는 이른 시간에 들어가면 사람들이 더 좋은 상대가 나타날 수도 있다는 기대 때문에 적극적으로 행동하지 않습니다. 그런 곳에 가려 한다면 방문 전에 그곳의 폐점 시간을 확인해 보면 어떨까요?

18

한 명 한 명에게
집중하는 편이 좋다

사회생활을 하다 보면 만남의 기회가 잘 찾아오지 않습니다. 어찌 보면 당연한 말입니다. 직장인이라면 보통 아침에 출근에서 저녁에 퇴근할 텐데, 이처럼 대부분의 시간을 일하는 데 쓰고 나면 자연히 새로운 사람을 만날 시간이 줄어들게 됩니다.

사람들이 연애를 하지 않으면 혼인율과 출산율도 낮아지리라 때문일까요? 최근에는 지자체가 직접 나서서 지역의 미혼남녀를 연결해 주기 위한 행사를 개최하기도 합니다. 일본뿐만 아니라 한국에서도 여러 지역에서 진행되고 있으니 만남을 원한다면 참석해 봐도 좋을 것입니다. 일단은 움직여야 좋은 사람과 만날 가능성도 커지니 말이지요.

단 이런 행사에 참가한다면 사전에 꼭 확인해야 할 사항이 있으니 바로 참가 인원입니다. 참가자 수가 적을수록 만남의 성사 가능성이 높아지기 때문입니다. 수백 명 규모에 이르는 큰 행사보다 기껏해야 10명 남짓한 작은 행사에 참여할 때 성공률이 높아집니다.

영국 에든버러대학교의 앨리슨 렌턴은 만남 행사에 참가한 사람들이 상대를 선택하는 기준을 조사했습니다.

렌턴은 총 84번의 행사에서 남성 1,870명과 여성 1,868명에게 설문했는데, 그 결과 행사 규모에 따라 사람들이 이성을 선택하는 방법이 달라진다는 사실을 알아냈습니다.

많은 인원이 참가한 행사에서는 주로 키나 체형, 외모를 기준으로 상대를 선택했습니다. 외모를 중시하는 경향이 강했다는 뜻이지요. 반면 규모가 작은 행사에서는 성품이나 말투, 성격 등을 호감의 기준으로 택하는 사람이 많았습니다.

왜 이런 경향이 나타났을까요? 참가자 수가 많은 행사에서는 그만큼 한 사람 한 사람과 이야기를 나눌 시간이 충분하지 않았기 때문입니다. 그러니 외모와 차림새를 보고 판단하는 경향이 높아진 것이지요. 달리 판단할 방법이 없으니 말입니다.

반면 참가자 수가 적은 행사에서는 모든 참가자와 비교적 여유롭게 대화할 수 있으니 외모뿐만 아니라 상대방의 성격이나 가치관 등도 고려해서 만남의 상대를 정할 수 있었던 것입니다.

만남 행사에 참여할 생각이 있다면 참가 인원을 확인해 보기를 추천합니다. 규모가 작은 행사에서 참가자 한 명 한 명과 더 친해질 가능성이 높고 자연히 관계 발전도 더 기대해 볼 수 있기 때문이지요.

남녀 참가자 수 100명보다 50명 행사가, 50명보다는 30명 행사가 좋습니다. 물론 스스로에게 상당한 자신감이 있다면 염두에 두지 않아도 좋지만, 스스로 그렇지 않다고 생각한다면 만남 행사에 참여할 때 소소하게 도움이 될 것입니다.

19

사람을 이해하지 않으면
사랑이 힘들어진다

🌷🌸　　인간관계에서 문제를 일으키지 않고 누구와도 잘 어울리는 사람들에게는 공통점이 있습니다. 바로 배려심이 돋보인다는 것입니다.

관계에 능숙한 사람은 자신보다 상대방의 입장에서 먼저 생각합니다. 상대가 어떻게 생각하고 느끼는지를 고려하며 행동하기에 마찰이나 충돌이 일어날 가능성이 줄어드는 것입니다. 자신의 기분을 앞세우기보다 타인의 기분을 우선시하는 사람이라고 할 수 있겠습니다.

반대로 상대방에게 자주 미움받는 사람은 자기중심적인 경우가 많습니다. 항상 자기가 편한대로 생각하고 행동하기 때문에 상대방이 존중받지 못한다고 느껴 불편해하는 것이지요. 상대의 입장을 이해하는 태도를 갖추면 좋은 관계를 맺고 유지할 수 있다는 뜻입니다.

그렇다면 도대체 어떤 훈련을 하면 좋을까요? 고액 세미나나 그룹 과외를 통해 교제 기술을 배워야 할까요? 그보다 더 간편하고 경제적인 방법이 있으니, 바로 체스를 두는 것입니다.

터키 추쿠로바대학교의 아이페리 시거트막은 어린아이에게 매주 2시간씩 체스 훈련을 시켰더니 상대방 입장에서 생각하는 능력이 높아졌다는 연구 결과를 발표했습니다.

체스 게임에서 승리하려면 상대가 어떤 수를 쓸지 미리 예상해야 합니다. 그러면서 자연스럽게 상대의 입장에서 사물을 보는 힘이 길러지는 것이지요.

비슷한 규칙을 가진 장기와 바둑에도 같은 효과가 있지 않을까요? 상대방의 입장에서 다음 수를 생각해야 한다는 점이 체스와 똑같으니 말입니다.

만약 여러분의 자녀가 제멋대로 굴어 고민이라면 장기나 바둑, 체스를 가르쳐 보기를 추천합니다. 어린아이들은 다양한 사람을 만날 기회가 적어 자연히 자기중심적으로 생각하고 행동할 수밖에 없습니다. 상대방의 생각을 헤아릴 수밖에 없는 게임을 하게 되면 저절로 배려하는 마음이 생겨날 것입니다.

인간은 사회 속에서 언제나 누군가와 연결되며 살아갑니다. 타인의 입장에서 상황과 사물을 관찰하는 힘은 한번 길러두면 평생 도움이 됩니다.

주변인들과 자꾸 갈등이 생겨 고민이라면 바둑이나 장기를 배울 곳이 없는지 찾아봅시다. 일주일에 한 번만이라도 상대방의 입장을 깊게 생각해 본다면 자기중심적인 태도가 줄어들고 인간관계도 잘 풀릴 것입니다.

"평화는 오직 서로를 이해할 때만 가능하다."

앨버트 아인슈타인

20

자주 볼수록
정이 들기 마련이다

 사람들은 불편한 사람과 굳이 어울리지 않으려고 합니다. 껄끄럽게 느끼면서 가능한 한 멀리 떨어지려 하지요. 좋지 않은 소문이 돌거나 주변에서 피하는 사람들과도 마찬가지입니다.

하지만 살다 보면 늘 예기치 못한 일이 생기기 마련입니다. 만약 직장에서 그런 사람과 같은 팀이 되거나 협업을 해야 한다면 그래도 도망 다닐 수 있을까요?

불편한 사람과 함께해야 하는 상황에서 갈등을 최소화하는 것을 넘어 관계를 개선할 수 있는 방법이 있습니다. 바로 '에라, 모르겠다' 하고 용기 내어 말을 거는 것입니다. 물론 처음에는 꺼림칙한 감정 때문에 힘들겠지만 반복의 힘은 대단합니다. 지속적으로 대화를 시도하다 보면 싫어하는 사람에게도 무뎌지게 되지요.

비슷한 예를 들어보겠습니다. 두리안이나 취두부처럼 냄새나 생김새가 불쾌해 먹기를 주저한 음식이 하나쯤은 있지 않나요? 이런 음식도 용기 내서 먹어보면 괜찮은 경우가 있습니다. 계속 먹다 보면 꽤 맛있게 느껴지기도 하지요.

인간관계도 마찬가지입니다. 몇 번이고 말을 걸다 보면 상대에 대한 부정적인 감정이 점점 줄어듭니다.

아일랜드 더블린대학교의 멜리사 페스킨은 누군가에게 익숙해지면 매력을 느낀다는 가설을 검증하고자 실험을 했습니다.

그는 참여자들에게 여러 여성의 사진을 보여주면서 얼마나 매력적인지 말해달라고 했는데, 이때 같은 여성의 사진을 여섯 번이나 보여주기도 했고 한 번만 보여주기도 했습니다.

그러자 참여자들은 신기하게도 여러 번 보여준 사진 속 여성의 매력도를 더욱 높게 평가했습니다. 눈에 반복적으로 들어온 사람을 그렇지 않은 사람보다 매력적으로 느낀 것이지요.

주목할 만한 부분은 참여자들이 사진을 처음 봤을 때는 그 여성을 매력적으로 느끼지 않았다는 점입니다. 두 번, 세 번 보고 익숙해지니 호감이 생겼다고 했지요. 익숙함에는 놀라운 힘이 있는 모양입니다.

다른 연구도 있습니다. 미국 버지니아코먼웰스대학교의 나탈리 슈크는 한 학기 동안 흑인과 백인, 즉 인종이 서로 다른 이들끼리 한 방을 쓰는 학생들을 관찰했습니다.

슈크는 학기 시작 후 두 번째 주와 방학 2주 전에 그들에게 서로에 대한 호감도를 물었습니다. 그 결과 룸메이트들은 처음에는 인종이 달라 서로에게 그리 호감을 느끼지 못했지만 반년 동안 함께 방을 쓰며 사이가 좋아졌다고 말했습니다.

소문이 좋지 않더라도 직접 겪으면 의외로 좋은 사람인 경우도 많습니다. 만약 그 사람과 제대로 이야기해 보지 않았다면 먼저 적극적으로 다가가 보면 어떨까요? 색안경이 사라지는 것을 넘어 인간관계가 넓어질 수도 있습니다.

21

태양을 피하면
갈등도 피할 수 있다

🌸🌼　　햇볕이 쨍쨍 내리쬐는 날에는 짜증이 나고 기분이 언짢아지기 마련입니다. 습도가 높은 한국과 일본의 여름은 더더욱 견디지 힘들지요. 이렇게 더운 한여름에는 되도록 외출하지 않는 것이 현명합니다.

더운 날 길을 보면 이상한 사람에게 시비 걸려 폭력 사건에 휘말릴 가능성이 커집니다. 불쾌지수가 높아지면 자동차 운전자도 난폭하게 운전하기에 길을 건너다 불의의 교통사고 피해자가 될 가능성도 커집니다. 즉 더운 날은 위험합니다. "군자는 위험한 곳에 가까이 가지 않는다"라고 말한 공자의 가르침을 되새겨 보면 좋겠습니다.

미국 플로리다국제대학교의 엘렌 콘은 미네소타주 미니애폴리스에서 유괴나 강도 등 총칼을 사용한 범죄 데이터 2년치를 분석했습니다. 무려 3만 6,617건에 달하는 분량을 말이지요.

한편으로는 기상정보 서비스로 범죄가 일어난 기간의 기온을 조사했는데, 그 결과 콘은 기온이 높아질수록 범죄가 증가한다는 사실을 발견했습니다.

또 미국 듀크대학교의 리처드 래릭은 5만 2,293번의 메이저리그 경기에서 투수가 데드볼을 던지는 횟수와 기온의 관계를 조사했습니다. 연구 결과 기온이 높아질수록 투수가 데드볼을 던질 확률이 높아진다는 사실이 밝혀졌지요.

프로선수인 메이저리그 투수는 여러 혹독한 훈련에 참여합니다. 당연히 평정심을 유지하기 위한 훈련도 병행하며 정신력도 단련할 텐데, 이런 프로선수조차 기온이 높아지면 불쾌해져 타자에게 더 공을 맞힌다는 뜻입니다.

참, 기온이 높은 해에는 전쟁이나 내전 등이 일어나기 쉽다는 연구 결과도 있습니다.

컬럼비아대학교의 솔로몬 시앙은 해면 수온이 높아지는 엘니뇨현상, 해면 수온이 낮아지는 라니냐현상의 발생과 내전, 내란 등 정치적 혼란의 발생에 상관관계가 있는지 살폈습니다.

1950~2004년의 기상 데이터를 분석한 결과, 시앙은 놀랍게도 엘니뇨현상이 발생한 해에는 라니냐현상이 일어난 해에 비해 정치적 혼란이 두 배나 더 많이 일어났다는 사실을 알아냈습니다.

이제 더운 날 되도록 나가지 않는 편이 좋다는 말에 동의할 것으로 생각합니다. 사람은 더운 날에 폭력적이고 공격적인 태도를 취하기 쉽고, 그런 행동이 일상의 갈등을 넘어 정치적 혼란의 방아쇠가 되기도 합니다.

무더운 날에는 무심코 밖에 나갔다가 곤란한 일에 휘말릴 수 있으니 그런 날에는 내 기분은 물론 주변의 기분도 한 번 더 살피면 어떨까요?

22

호감을 이끌어 내는
자랑의 기술

♀❀　　　누군가에게서 친절한 행동과 긍정적인 반응을 끌어 내고 싶다면 그 사람의 선행을 주위 사람들도 잘 알 수 있도록 알리면 좋습니다. 더욱 적극적으로 선행을 베풀 테니 말입니다.

　네덜란드 흐로닝언대학교의 아드리안 소테벤트는 네덜란드의 30개 교회에서 29주에 걸쳐 실험을 진행했습니다.
　어떤 날에는 내용물이 보이지 않는 지퍼로 잠근 봉투를, 또 어떤 날에는 안이 훤히 들여다보이는 바구니를 비치해 모금하도록 한 것이지요. 같은 교회에서도 봉투와 바구니를 바꿔가며 비치했습니다.

실험이 끝난 뒤 각각의 경우에 모인 금액을 비교해 보니 내용물이 보이지 않는 봉투보다 속이 공공연히 드러난 바구니를 돌렸을 때 총 모금액이 10퍼센트나 많았습니다. 내가 더욱 많은 금액을 헌납했다는 것을 다른 사람들이 알아챌 수 있는 경우에 더욱 많이 기부한다는 것이 밝혀진 셈이지요.

다른 사례도 살펴볼까요? 미국 존스홉킨스대학교의 A. 카메론은 미국 장기기증자 증가에 관한 연구 결과를 발표했습니다.

당시 미국에서는 아무리 캠페인을 벌여도 장기기증 등록자가 늘지 않아 고민이었다고 합니다. 그런데 2012년 5월 1일, 갑자기 1만 3,054명이 신규 등록하는 일이 벌어집니다. 그 전의 신규 등록자 수가 하루에 600명 정도였으니 무려 20배 이상이 늘어난 것이지요.

사람들은 장기 기증이 좋은 일이라는 것을 알아도 쉽사리 기증하려 하지 않습니다. 그런데 대체 그날 무슨 일이 있었길래 기증자 수가 폭발적으로 증가한 것일까요?

원인을 추적해 보니 소셜네트워크서비스인 페이스북에서 프로필 정보에 장기기증자 여부를 다른 사람에게도 보여줄 수 있도록 서비스를 개선했기 때문이었습니다. 즉 자신의 선행을 다른 사람들에게 공개할 수 있는 환경이 되자 기증가 수가 늘어난 것이지요. 카메론의 조사에 따르면 그날을 기점으로 12일 동안 장기 기증자의 증가 추세가 지속됐다고 합니다.

사람들은 아무리 좋은 일이라도 주변에서 알아주지 않으면 굳이 해야 한다고 생각하지 못합니다. 그러니 누군가의 친절함을 이끌어 내고 싶다면 그 사람의 선행을 여기저기 알려보면 어떨까요?

물론 기부나 후원을 할 때 먼저 익명으로 해달라고 요청하는 사람도 있지만, 자신의 선행을 알리고 싶어하는 사람들의 기본적인 심리를 고려하면 주변에 적극적으로 알리는 것이 정답이라고 할 수 있겠습니다.

사람은 자신을 인정해 주는 이와
함께하고 싶어 한다.

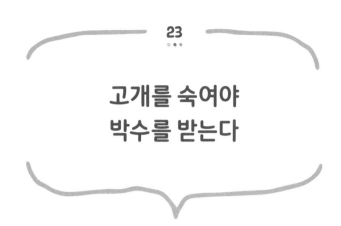

고개를 숙여야
박수를 받는다

🌷🌷　　사람은 스스로 자신의 지적 능력이 뛰어나다고 생각
하는 경향이 있습니다. 누구나 그렇습니다. 정도의 차이가 있
을 뿐이지요.

　　코넬대학교 심리학과 연구팀은 온라인으로 실험 참여자들
을 모집해 여러 가지 금융 용어를 제시하고 '상당히 자세히 안
다'면 7점을, '전혀 모른다'면 1점을 매기도록 요청했습니다.
　　물어본 용어는 총 15개였는데 그중 어떤 것은 세액 공제나 고정금리, 주택 융자 등 실제로 존재하는 용어였고 일부는 '사전 평가 주식'이나 '연간 환산 신용'처럼 그럴싸해 보이지만 존재하지 않는 가짜 용어였지요.

결과는 놀라웠습니다. 무려 참여자의 93퍼센트가 가짜 용어조차도 '조금 안다'고 대답했기 때문이지요. 연구팀은 같은 조사를 한 번 더 반복했는데, 이번에도 91퍼센트가 가짜 용어를 안다고 대답하는 결과가 나왔습니다.

자신의 지식 수준을 오해하는 사람이 많다는 뜻입니다. 스스로 머리가 좋다고 말하는 사람이 많은 것도 이 때문입니다. 실제로는 그리 똑똑하지 않지만 스스로 그렇게 믿는 것이지요.

문제는 다른 사람 앞에서 아는 척을 하는 경우입니다. 홀로 영리하다 믿는 것에는 아무 문제가 없습니다. 하지만 다른 사람들 앞에서는 그런 태도를 보이지 않도록 조심해야 합니다.

다 안다고 장담하다 막상 해결해야 할 일이 주어졌을 때 아무것도 모르는 것보다 더 창피한 일이 있을까요? 게다가 너무 똑똑한 척하면 주변 사람들에게서 거드름을 피운다는 등 부정적인 평가를 받을 수도 있습니다.

일본 전자제품 기업 파나소닉의 창업자이자 경영의 신으로 불린 고故 마츠시타 고노스케는 아는 것도 더 알려줄 수 있냐며 정중히 요청하는 겸손한 태도로 유명했습니다. 이처럼 아는 것마저도 "잘 모르는 내용인데 알려줄 수 있으세요?" 하고 낮은 자세를 취하는 사람이 호감을 얻는 법입니다.

'벼는 익을수록 고개를 숙인다'는 오랜 속담이 있습니다. 정말 영리한 사람은 스스로의 무지를 솔직히 인정하고 상대방에게 고개를 숙입니다. 또 그런 사람일수록 인간관계에서도 문제를 일으키지 않는 법이지요.

"

어떻게 해야
직장 생활이 술술 풀릴까?

"

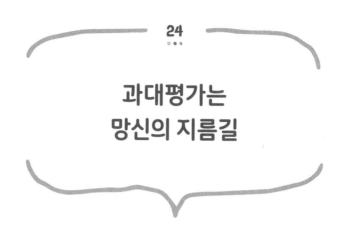

과대평가는
망신의 지름길

❀❀　　장편 철학 시 〈인간론〉을 쓴 것으로 유명한 영국의 시인 알렉산더 포프는 "실수하는 것은 인간의 일이다"라는 말을 남겼습니다. 인간은 본래 잘못을 하는 존재라는 뜻입니다. 달리 말하면 누구나 실수를 한다는 의미이기도 합니다.

그런데 어떤 사람들은 한 번의 실수에 세상이 무너진 듯 절망하기도 합니다. 머리로는 실패를 발판 삼아 도약하면 된다는 것을 알면서도 실제로는 행하기 어려워하지요.

코넬대학교의 데이비드 더닝은 대입 시험을 치른 학생들을 대상으로 간단한 설문을 했습니다. 실제 입시 시험에서 상위 25퍼센트와 하위 25퍼센트의 성적을 받은 학생들을 찾아가 스스로의 점수를 예상해 보라고 한 것이지요.

어떤 결과가 나왔을까요? 상위권 학생들은 거의 정확하게 자신의 점수를 맞춘 반면 하위권 학생들의 예측은 거의 들어맞지 않았습니다. 45점이 만점이라고 한다면 33~34점 정도를 받았으리라 예상했지만 실제로는 25점 정도에 불과했던 것입니다. 즉 하위권 학생들은 스스로 제법 잘 봤을 것으로 믿는 경향이 강했습니다.

더닝은 이 결과를 발표하면서 능력이 부족한 사람일수록 그 사실을 깨닫지 못한다고 지적했습니다. 오히려 능력이 뛰어난 사람이 자신을 객관적으로 평가하고, 그렇지 않은 사람이 스스로를 과대평가한다는 것입니다. 오히려 미숙한 쪽이 자신이 부족하다는 사실을 제대로 인식해야 하는데 현실은 그렇지 않은 모양입니다.

우리 주변에도 실제와 달리 스스로 능력이 뛰어나다고 착각하는 사람들이 있습니다. 직장에서도 종종 마주치곤 하지요.

하지만 정말 일을 잘하는 사람은 자기 능력을 과대평가하지 않습니다. 오히려 겸손하게 개선해야 할 점이 많다며 역량을 강화하는 데 집중하지요. 반면 일을 못하는 사람은 목소리만 큰 경우가 대부분입니다.

스스로의 능력을 객관적으로 평가하고 싶다면 가능한 한 냉정한 관점에서 바라봐야 합니다. 그래야 근거 없는 자신감에 휩쓸리지 않을 수 있기 때문입니다.

혹시 자만하는 버릇이 있다면 내 능력의 점수를 한 단계 낮추면 어떨까요? 스스로를 과대평가하면 안 된다고 타이르다 보면 부족한 부분과 고쳐야 할 점이 보일 것입니다.

그 부분들을 개선하는 데 집중하면 어느 샌가 주변 사람들과 관계가 원만해지고 그들에게서 좋은 평가를 받게 됩니다. 조직에서 불이익을 받지 않을 가능성도 높아지니 평온한 일상을 보낼 수 있겠지요.

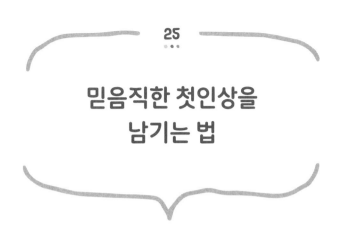

믿음직한 첫인상을
남기는 법

한국과 일본을 비롯한 동양 문화권 국가와 달리 영국과 미국 등 서양권 국가에는 중간 이름을 짓는 문화가 있습니다. 세계적인 사회심리학자 에리히 프롬의 이름으로 예를 들어보겠습니다. 그의 본명은 에리히 젤리히만 프롬인데, 이때 에리히가 이름, 프롬이 성, 젤리히만이 중간 이름인 것이지요.

그런데 중간 이름이 없는 우리에게는 당황스럽게도, 중간 이름이 길수록 상대방에게 좋은 인상을 남길 수 있다는 연구 결과가 있다고 합니다.

영국 사우샘프턴대학교의 위나드 반 틸버그는 일반상대성이론에 관한 간단한 글을 작성한 뒤 다른 사람들에게 보여주고 평가해 달라고 했습니다. 이때 그는 틸버그는 글쓴이의 중간 이름 길이를 다르게 알려줬다고 합니다. 바로 이렇게 말이지요.

중간 이름을 뺀 경우: 데이비드 클라크

중간 이름을 한 개 넣은 경우: 데이비드 F. 클라크

중간 이름을 두 개 넣은 경우: 데이비드 F. P. 클라크

중간 이름을 세 개 넣은 경우: 데이비드 F. P. R. 클라크

그 결과 틸버그는 글쓴이의 중간 이름이 길수록 사람들이 그가 쓴 글의 내용에 더 잘 동의하고 설득된다는 사실을 알아냈습니다. 아무래도 이름은 길어야 여러모로 좋은 모양입니다.

예술가 중에는 지금은 누구나 알 정도로 유명하지만 생전에는 무명이었거나 가난하게 생활한 인물이 많습니다. 빈센트 반 고흐와 〈진주 귀걸이를 한 소녀〉로 유명한 요하네스 페르메이르가 대표적이지요.

반면 파블로 피카소의 작품은 젊을 때부터 높은 평가를 받

았습니다. 피카소의 본명은 '파블로 디에고 호세 프란시스코 데 파울라 후안 네포무세노 마리아 데 로스 레메디오스 크리스핀 크리스피니아노 데 라 산티시마 트리니다드 루이스 이 피카소'라고 하는데, 긴 이름도 그가 명성을 떨치는 데 한몫하지 않았을까요?

한국과 일본, 중국 사람들은 중간 이름을 사용하지 않는데, 우리는 이름 대신 직함을 길게 적으면 됩니다. 이를테면 명함에 직함을 라면 가게 점장이 아닌 '아시안 푸드 비즈니스 코디네이터&앰배서더'라고 적는 것이지요. 뜻은 변하지 않았지만 명함을 받는 사람이 느낄 인상은 많이 달라지지 않을까요?

말은 씨가 되고
이름은 큰 힘이 된다.

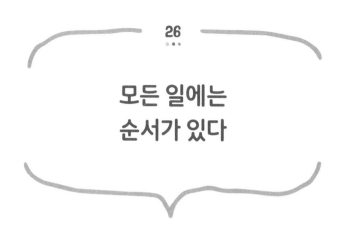

모든 일에는
순서가 있다

🌷🌸 　　몇 가지 일을 동시에 수행하는 것을 멀티태스킹이라고 하는데, 간혹 한 번에 여러 일을 할수록 능력이 뛰어나다고 여기는 사람이 있습니다. 하지만 이는 심리학 관점에서 보면 완전히 잘못된 생각입니다. 사람이라면 한 번에 한 가지 일밖에 할 수 없기 때문입니다.

아니, 여러 가지 일을 할 수야 있지만 그렇게 하면 모든 일을 잘해내지 못합니다. 하나의 일에 완전히 집중하지 못해 시간도 더 많이 소요되고 결과물의 질도 썩 좋지 못하지요.

그러니 한 번에 한 가지 일만 하는 것과 여러 가지 일을 하는 것, 즉 멀티태스킹 중 어느 것이 옳고 그른지를 따져야 한다면 전자가 더 바람직하다고 하겠습니다.

네덜란드에서 가장 오래된 대학인 라이덴대학교의 마리나 풀은 고등학생 160명에게 멀티태스킹을 하면서 숙제를 마칠 것을 요청했습니다.

동시에 하도록 제시한 일은 드라마 시청과 음악 듣기, 라디오 청취였습니다. 각각의 조건별로 과제를 끝내기까지 소요된 시간을 측정하니 다음과 같은 결과가 나왔지요.

동시에 한 행동	숙제를 끝내는 데 걸린 시간
멜로 드라마 시청	40.43분
음악 비디오 시청	35.03분
라디오 청취	36.05분
아무것도 하지 않음	33.08분

출처 : Pool, M. M., et al., 2003

멀티태스킹을 하지 않을 때 숙제에 걸리는 시간이 짧아지는 것을 알 수 있습니다.

아쉬운 점이 있다면 이 실험에서는 제출한 과제의 질을 측정하지 않았다는 것입니다. 조심스레 멀티태스킹을 한 학생들의 과제 오답률이 더 높지 않았을까 하고 짐작합니다.

두 가지, 세 가지 작업을 동시에 해내는 사람이 대단해 보일 수도 있지만 실제로 제때 작업을 완수할 수 있을지, 결과물이 좋을지는 미지수입니다. 업무를 할 때는 눈앞에 주어진 한 가지 일에 집중해 그것을 처리한 후 다른 작업으로 넘어가는 편이, 즉 차근차근 정리하며 일하는 편이 가장 좋습니다.

27

스마트폰을 보관하기에
적절한 장소는?

🌼🌸　　업무 중에는 스마트폰을 가방 안이나 서랍 속 등 시야에 들어오지 않는 곳에 넣어두는 편이 좋습니다. 스마트폰이 눈에 들어오면 작업 능률이 뚝 떨어져 버리기 때문입니다. 어떤 업무에 시간을 상당히 투자했는데도 진척이 더디다면 한번 주위를 둘러보기 바랍니다. 눈길이 닿는 곳에 스마트폰을 두기 때문일 확률이 높습니다.

미국 서던메인대학교의 빌 손턴은 책상 위에 휴대전화가 놓여 있으면 일을 진행하는 속도가 느려진다는 실험 결과를 발표했습니다. 휴대전화를 실제로 사용하지 않았더라도 말이지요.

손턴은 참여자들에게 잔뜩 나열된 숫자를 보여준 뒤 더하면 정해진 값이 되는 연속하는 숫자 두 개에 표시해 달라고 말했습니다. 이런 식으로 말입니다.

더해서 3이 되는 숫자에 표시하시오: 32<u>16</u>18<u>30</u>5

그런데 책상 위에 휴대전화가 있을 때는 참여자들의 문제 해결 속도가 느려졌습니다. 이유는 말할 것도 없이 휴대전화에 신경이 쏠려 집중력이 떨어졌기 때문이었습니다.

스마트폰은 주의력을 분산시키는 주요 원인입니다. 하지만 사람들은 집중력이 떨어졌다는 사실을 깨닫지 못한 채 일에 집중하고 있다고 착각하곤 하지요.

저도 대학에서 강연하면서 사람들이 스마트폰에 시선을 많이 뺏긴다는 사실을 깨달았습니다. 학생들이 강의를 들으면서 옆에 놓인 스마트폰을 힐끔거리거나 만지작거리는 모습을 자주 목격했기 때문입니다. 그런데도 학생들은 스스로 스마트폰을 만지고 있다는 자각이 거의 없었습니다. 아마 강의에 집중하지 못했다는 사실도 몰랐겠지요.

스마트폰이 한 번이라도 눈에 들어오면 SNS나 앱 게임 등이 머릿속을 스치고, 이런 생각들이 우리의 집중력을 깨버립니다. 그러니 집중해야 할 일이 있다면 스마트폰을 눈에 보이지 않는 곳에 멀리 놔두면 어떨까요?

일하는 데 시간이 오래 걸리는 이유도 집중력이 떨어졌기 때문입니다. 제대로 몰입하지 않기 때문이지요. 이 경우에도 스마트폰을 쉬는 시간에만 꺼내 보기로 하는 등 거리를 둬야 합니다. 작업에 필요한 서류와 파일만 곁에 두고 일하면 속도가 훨씬 빨라질 것입니다.

28

일 잘하는 사람은
검은색 옷을 입는다

생각이나 속마음을 상대에게 제대로 전달하지 못해 자주 속상해한다면, 거래처와 미팅이나 협상을 할 때 주장을 강하게 밀어붙이지 못해 고민이라면 좋은 해결책이 없을까요? 그저 원래 마음이 약하다고 생각하며 계속 자기 생각을 제대로 표현하지 못하고 살아가야 할까요?

아니, 방법은 있습니다. 일단 가장 먼저 가까운 옷가게에 들어가 봅시다. 다음으로 해야 할 일은 셔츠부터 바지, 신발, 외투까지 전부 검은색으로 사는 것입니다. 검정 원피스도 좋습니다. 그리고 다음 날부터 그 옷을 입고 다니면 됩니다.

온통 검정으로 맞추는 것이 좀 과하다고 생각한다면 상의만 파란색으로 입거나 넥타이나 구두, 귀걸이 등을 다른 색으로 착용해 포인트를 줘도 됩니다. 단 전체의 80퍼센트는 검은색으로 맞추는 편이 좋습니다.

왜 검은색 옷을 입으라고 하는지 궁금할 것입니다. 이유는 간단합니다. 바로 검은색이 강함을 연상시키는 색이기 때문이지요. 이런 색상을 파워 컬러라고 하는데 유명한 파워 컬러로는 빨강이 있습니다.

그런데 현실적으로 일상에서 머리끝부터 발끝까지 온통 빨간색으로 차려 입기란 어려우니 차선책으로 검은색을 추천합니다. 검은색 옷을 입으면 안절부절못하는 성격이라도 자신감이 생겨 더 분명하게 자기 의견을 어필하고 당당하게 행동할 수 있습니다.

코넬대학교의 마크 프랭크는 내셔널풋볼리그NFL와 내셔널하키리그NHL를 대상으로 팀의 유니폼 색상이 반칙 여부에 영향을 미치는지를 분석했습니다.

그러자 NFL이든 NHL이든 검정 유니폼을 입은 팀일수록 반칙을 더 많이 했다는 결과가 나왔습니다. 검은색 옷을 입으면 무의식중에 공격성이 강해진다는 사실을 밝혀낸 것이지요.

검은색 옷을 입으면 강경한 태도를 취할 수 있습니다. 누구에게나 해당되는 말이니 스스로 우유부단하고 마음이 약하다고 생각하다면 한번 시도해 보기 바랍니다.

검은색을 좋아하지 않는다면 평소에는 다른 색상의 옷을 입어도 됩니다. 다만 중요한 미팅이 있거나 발표를 하는 특별한 날에는 반드시 검은색 옷을 입어야 합니다. 그런 날에는 특별한 승부용 의상이 꼭 필요하니 말이지요.

100번 듣는 것보다
한 번 보는 게 낫다

🌼🌷　　똑같은 내용을 적은 문서라도 그 안에 이미지가 실렸는지 아닌지에 따라 설득력이 달라진다고 합니다.

　미국 콜로라도주립대학교의 데이비드 맥케이브는 인지 신경 과학에 관한 가상의 논문을 작성했습니다. 그는 같은 내용을 두 가지 형식으로 설명했는데 한 논문에는 막대 그래프를, 다른 논문에서는 뇌 이미지를 사용했습니다.

　내용은 똑같았지만 두 논문을 모두 읽은 사람들의 반응은 달랐습니다. 뇌 이미지로 설명한 논문을 읽고 더 강히게 설득된 것입니다.

'백문이 불여일견'이라는 말처럼 사람은 시각적인 효과에 약한 모양입니다. 그러니 발표 자료를 만들어야 한다면 이를 염두에 두고 그림이나 사진 등 이미지를 넣어보면 어떨까요? 예를 들어 어떤 상품을 소개할 때 긴 글보다 상품의 견본 사진을 제시하면 발표 결과도 더욱 좋아질 것입니다.

또 이미지를 사용하면 문서의 두께도 줄어듭니다. 두툼한 자료보다는 얇은 자료가 더 살펴보기 쉬우니, 회의에 참여하는 사람들이 미리 내용을 숙지해 좋은 의견을 내줄 가능성도 높아지겠지요.

사람들의 이런 심리는 식당에서도 통용됩니다. 여러분이 처음 방문한 식당에서 음식을 주문하려 합니다. 이때 여러분이라면 설명이 길게 적힌 메뉴판과 음식 사진이 실린 메뉴판, 둘 중 어떤 것을 보고 더욱 요리를 먹어보고 싶다고 느낄까요?

미국 캘리포니아공과대학교의 벤저민 부숑은 참여자들에게

3달러를 지급한 뒤 스니커즈와 감자칩 등 80가지 상품을 여러 가지 방법으로 보여줬습니다. 그런 다음 이 제품들을 사 먹어야 한다면 얼마를 지불할지 물었는데, 참여자들이 대답한 금액의 평균값은 다음과 같았습니다.

상품명만 보여줬을 때	68센트
상품 이미지 사진을 보여줬을 때	71센트
실제 상품을 보여줬을 때	113센트

출처: Bushong, B., et al., 2010

식당을 운영한다면 메뉴판에 되도록 사진을 넣어보기를 추천합니다. 완성된 요리를 예쁘게 찍어 넣기만 하면 되니 간편하게 매출을 올릴 수 있을 것입니다.

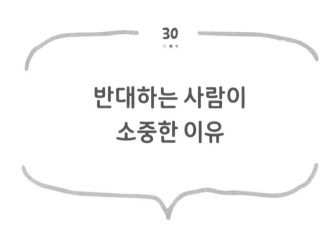

반대하는 사람이
소중한 이유

회의의 목적은 더 좋은 아이디어와 합당한 결론을 끌어내는 것입니다. 이는 단순히 회의에 많은 인원이 참석했다고 해서, 회의를 여러 번 진행했다고 해서 나오지는 않습니다.

양질의 회의를 만드는 특별한 방법이 있습니다. 바로 악마의 변호인을 회의실 곳곳에 심어두는 것이지요. 본래 가톨릭교회에서 성직자의 승급을 심의할 때 대상자의 결점 등을 지적하는 역할을 맡은 이를 가리키는 말로, 악마의 대변인이라 부르기도 합니다.

어떤 사람들은 안건을 충분히 숙지하지 않았거나 의견 충돌을 피하고 싶어 깊게 고민하지 않고 다른 사람의 의견에 찬성해 버리곤 합니다. 여러분도 썩 마음에 들지 않지만 군이 일을 복잡하게 만들 필요가 없다고 생각해 의견을 말하지 않고 끝낸 경우가 있지 않나요? 즉 다수가 찬성했다고 무조건 좋은 결론이라고 할 수는 없습니다. 그런 의사 결정을 막기 위해 악마의 변호인을 두는 것이지요.

네덜란드 암스테르담대학교의 톰 포스트메스는 의사결정 실험에서 참여자들을 네 명씩 짝짓고 각 팀별로 그들 중 대학교 교직원으로 적합한 한 명을 뽑아달라고 요청했습니다. 단 이때 절반의 그룹에는 만장일치가 되도록, 나머지 절반에는 비판적으로 논의하라고 일렀지요.

그 결과 전자의 조건에서는 올바른 사람이 선출될 가능성이 고작 22퍼센트인 데 반해 후자의 조건에서는 사람들이 합당한 결정을 내릴 가능성이 66퍼센트로 크게 높아진다는 사실을 알아냈습니다.

반대 의견이 있어야 대화의 질이 향상되기 마련입니다. 그러니 회의 시작 전에 참석자 몇 명에게 일부러 반대하는 악마의 변호인 역할을 해달라고 부탁해 보면 어떨까요?

단 이 경우 다른 회의 참석자들에게도 반대 의견을 환영하라고 일러둬야 합니다. 회의 분위기가 강압적이라면 악마의 변호인들이 반대 의견을 말하기 어렵습니다. 그런 회의는 아무리 많은 인원이 참석하고 여러 번 진행해도 의견을 수렴하지 못해 생산적인 아이디어와 합리적인 의사결정, 만족스러운 결론을 절대 이끌어 낼 수 없지요.

쉽게 말해 악마의 변호인들이 마음껏 반대할 수 있는 환경을 만들어 둬야 한다는 뜻입니다. 반대해도 문제 없다는 것을 알지 못하면 제 역할을 다하지 못할 테니까요.

회의 참석자들이 돌아가며 악마의 변호인을 맡는 것도 좋습니다. 모두가 악마의 변호인을 해보면 그 입장을 이해하고 반대 의견에 대한 불만과 불평도 줄어들 테니 말입니다.

불편한 것이야말로
가장 큰 성장의 기회를 준다.

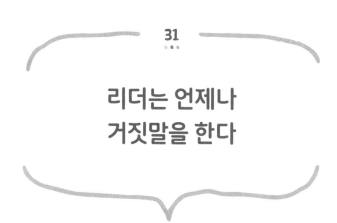

31

리더는 언제나
거짓말을 한다

태어나서 거짓말을 해보지 않은 사람이 얼마나 될까요? 선의로든 악의로든 대부분은 거짓말을 합니다. 이를 달리 말하면 상대방의 말을 항상 있는 그대로 받아들이면 안 된다는 뜻입니다.

공감하기 쉬운 예를 들어보겠습니다. 사장이나 상사가 회식 자리에서 오늘은 예의 차리지 말고 즐기라고 말했다고 합시다. 정말로 흥에 겨워 법석을 떨어도 될까요? 아니, 그러면 안 됩니다. 오히려 이때 평소보다 더 언행에 주의하며 마셔야 합니다.

이 회식 자리에서의 일로 나중에 무슨 말을 들을지, 무슨 일을 당할지 알 수 없으니 말이지요.

캐나다 토론토대학교의 소니아 강은 어떤 기업이 인재를 채용할 때 핵심 가치로 다양성을 중요하게 여긴다고 공표했어도 지원자들이 이력서에 나이와 인종, 출신지 등을 숨기고 제출하는 편이 좋다고 말했습니다. 그의 조사에 따르면 그렇게 말한 기업에서도 실제로는 차별이 이뤄졌기 때문이지요.

거짓말을 최대한 하지 않으려 하는 사람도 있겠지만 안타깝게도 현실에는 거짓말을 아무렇지 않게 하는 사람이 굉장히 많습니다. 겉치레는 겉치레일 뿐입니다. 뒤돌아서면 달라질 수도 있다는 사실을 제대로 알아둬야 합니다.

다른 연구도 소개하겠습니다. 미국 펜실베이니아대학교의 제니퍼 뮬러는 참여자들에게 항공사의 경영 간부가 됐다고 가정하고 더 큰 매출 이익을 내기 위한 방안을 논의해 달라고 요청했습니다. 이때 참여자 절반에게는 "가능한 한 창의적인 아이디어를 내주세요"라고, 나머지 절반에게는 "너무 기발하지 않은 아이디어를 내주세요"라고 말하며 조건을 달리했지요.

그러자 전자에서는 "기내에서 고객들이 도박성 오락을 할 수 있도록 하면 어떨까요?" 같은 참신한 아이디어를 냈고 후자에서는 "기내식을 유료로 제공하면 어떨까요?" 같은 무난한 아이디어를 논의했습니다.

회의 후 각 집단에 멤버에 대한 평가를 요청했는데 결과는 어땠을까요? 창의적인 생각을 말한 사람들이 평범한 아이디어를 낸 사람들에 비해 나쁜 평가를 받는 것으로 나타났습니다.

그러니 회의에서 상사가 창의적인 아이디어를 적극적으로 말해 달라고 해도 무난한 의견을 제시하는 편이 좋습니다. 그들의 말을 곧이곧대로 받아들여 정말 기발한 생각을 말하면 회의에 장난으로 임한다는 등 나쁜 평가를 받을 수도 있으니 말입니다.

32

능력 있는 사람을
계속 곁에 두고 싶다면?

🌷🌷　　이번에는 우리가 한 사업체를 운영하는 사장이라고 해보겠습니다. 매출을 올리려면 유능한 인재를 선발하고 그에 걸맞는 대우를 해줘야 합니다. 이때 직원들의 일에 대한 열정을 어떻게 끌어올릴 수 있을까요?

　대부분은 연봉 인상이나 성과급 등 금전적 보상을 떠올릴 것입니다. 이미 여러 연구와 실제 사례를 통해 확실히 검증된 수단이기 때문이지요. 하지만 이 방법에도 문제가 있는데, 회사의 운영 상태가 좋지 않다면 시행하기 어렵다는 점입니다.

그렇다면 다른 동기부여 수단은 없을까요? 심리학에서는 보상의 종류를 다양하게 늘려보기를 추천합니다. 그 보상들이 대단하지 않더라도 말이지요.

보상은 다채로울수록 더 강력한 동기부여 수단이 됩니다. 충분한 금전적 보상을 준비할 수 없을 때는 복지의 종류를 늘리면 좋습니다. 여러 선택지를 제시한 뒤 성과를 낸 직원이 원하는 보상을 하나 고르게 하는 것이지요.

미국 서던캘리포니아대학교의 스콧 월터무스는 20분 동안 글을 옮겨 적는 단순한 작업을 해주면 사례를 지급하겠다는 내용으로 실험을 진행했습니다.

그는 참여자들을 둘로 나눠 한쪽에는 정해진 보상이 있다고 말하고, 다른 쪽에는 따뜻한 코코아, 펜, 계산기 중에서 한 가지를 고르라고 했습니다. 또 20분이 지나기 전에 완료해도 보상을 지급하며, 도중에 그만둬도 되지만 그만두면 보상을 받을 수 없다고도 덧붙였지요.

과연 어떤 조건에서 더 많은 참여자가 일을 끝냈을까요? 보상이 정해진 쪽에서는 9.7퍼센트만이, 선택지를 제시한 쪽에서는 34.4퍼센트가 끝까지 일을 수행했다는 결과가 나왔습니다.

게임을 할 때도 경품이 한 가지로 정해져 있을 때보다 여러 가지일 때 참여하는 재미가 있지 않던가요? 일도 마찬가지입니다. 사원들 역시 보상이 다양할 때 관심을 보이고 능동적으로 일하게 되지요.

성과를 낸 사원에게 특별 상여금을 지급하는 것도 좋지만 장난감이나 교구 등 어린이용품, 고급 드라이어와 식기 등 생활용품, 손목시계나 만년필 등 비즈니스 용품, 유급 휴가 1일 복지 등 여러 가지를 제시해 고르도록 하면 어떨까요? 어린 자녀가 있는 부모, 자취하는 직원 등 더 많은 사원이 흥미를 느낄 것입니다.

이 방법은 단골 고객을 만들 때도 효과적입니다. 제가 다니는 낚시터는 물고기별 등급을 정해 점수를 부여합니다. 잡은 어종에 따라 다른 점수를 받고 이를 모으면 산악자전거나 휴대용 게임기, 낚싯대 등 다양한 경품과 교환할 수 있습니다.

여러 상품을 제시해 고객의 성취욕을 끌어올리고 단골을 만드는 것이지요. 개인적으로 정말 좋은 영업 아이디어라고 생각합니다.

33

기쁨을 나눌수록
열정이 배가 된다

❦❀ 　　적막한 사무실 분위기를 전환하고 싶다면, 직원들의 일할 의욕을 끌어올리기 힘들다면 효과적인 방법이 있습니다. 사원들 간 긍정적인 소통과 접촉을 유도하는 것이지요. 누군가 외근에서 돌아오면 "수고했어요!" 하고 밝은 목소리로 맞이하거나 축하할 일이 생기면 하이파이브나 기쁨의 포옹을 하는 식으로 말입니다.

이런 모습을 볼 수 있는 대표적인 예가 바로 운동선수들과 감독들입니다. 축구경기에서 골을 넣으면 팀 전체가 함성을 지르며 골을 넣은 선수를 향해 달려들어 얼싸안고 기뻐하는 모습을 많이 본 적이 있지 않나요? 득점한 선수 역시 감독에게 달려가 격하게 포옹하기도 하지요.

만약 회사 분위기가 지나치게 장난스러워질까 봐 우려된다면 그런 걱정은 내려놔도 좋습니다. 사내 분위기가 좋아지면 능률과 생산성이 눈에 띄게 상승할 테니 말입니다. 업무 성과와 회사의 매출 실적을 올리고 싶다면 먼저 분위기를 띄워야 합니다.

미국 캘리포니아주립대학교의 마이클 클라우스는 접촉과 성과의 관계를 알아보기 위해 2008~2009년 전미농구협회NBA 30개 팀의 294명을 대상으로 정규 시즌 첫 두 달 경기에서 선수들의 접촉 빈도를 조사했습니다. 얼마나 자주 하이파이브를 하고, 머리카락을 쓰다듬고 포옹을 하는지 말이지요.

시즌이 끝난 뒤 팀의 승률과 개인 득점률을 산출해 보니 시즌 초반에 많이 접촉한 팀일수록 승률도, 개인의 득점률도 높다는 것을 알 수 있었습니다.

동료끼리 접촉하는 횟수가 늘어나면 그만큼 유대감이 생겨

끈끈해집니다. 더 높은 목표를 위해 한께 최선을 디하니 성과가 놀라울 정도로 향상되지요. 그러니 동료들끼리 사소한 일에도 하이파이브 하거나 포옹하며 격려하고 기쁨을 나눠 어떨까요? 그렇게 하면 회사생활도 즐거워질 테니 말입니다.

팀장이나 관리자 위치에 있다 해도 마찬가지입니다. 오히려 상사가 먼저 나서서 분위기를 주도하면 직원들도 긴장하지 않고 동료에게 먼저 다가갈 것입니다.

신체적인 접촉이 불편하다면 박수도 좋습니다. 동료가 힘들어한다면 "잘하고 있어!" "지금처럼만 힘내!"라고 말하며 박수쳐 격려해 보는 겁니다. 아마 박수를 받는 동료도 처음에는 쑥스러워하겠지만 속으로는 기뻐하며 더 힘내야겠다고 생각할 것입니다.

"팀워크의 좋은 점은
언제나 나를 지지해 주는 누군가가 있다는 것이다."

마거릿 카티

34

격려의 마음을 전하는
싱긋툭 관리법

🌹🌷　　상사와 부하 직원, 리더와 팀원들 간 유대감을 더욱 강화하고 싶다면 그저 아랫사람들과 마주쳤을 때 싱긋 웃은 뒤 어깨를 툭 치고 지나가면 됩니다. 이 역시 상급자들이 알아 두면 좋은 심리 기술이지요. 저는 '싱긋'과 '툭'을 합쳐서 싱긋툭 관리법이라고 부릅니다.

특별해 보이지 않겠지만 심리학적으로 정말 효과적인 기술입니다. 싱긋 웃는 것도, 어깨를 누드리는 것도 모두 친밀감을 전하는 비언어적 표현이기 때문입니다. 웃으며 어깨를 두들기면 별다른 말을 하지 않아도 '자네를 믿네' '지금처럼만 힘내' '이 일은 자네에게 맡기지' 등 격려의 메시지를 전할 수 있다는 뜻입니다.

프랑스 남브르타뉴대학교의 니콜라 게겐은 통계학 강사에게 여섯 번에 걸쳐 몇 가지 행동을 해줄 것을 요청했습니다. 학생들이 연습 문제를 풀 때 어떤 학생에게는 1초 이내로 칭찬하면서 팔을 가볍게 두드리고 또 다른 학생에게는 접촉 없이 칭찬만 건네라고 했지요.

학생들이 연습 문제를 거의 다 풀었을 때, 강사는 아무나 앞에 나와서 칠판에 답을 써달라고 말했습니다. 이때 적극적으로 나선 학생들을 상대로 강사의 접촉 여부를 살펴보니 다음과 같은 결과가 나왔습니다.

	접촉 O	접촉 X
남학생	31.0퍼센트	11.4퍼센트
여학생	23.6퍼센트	4.8퍼센트

출처: Guéguen, N. 2004

가볍게 팔을 툭툭 두드리기만 했을 뿐인데 학생들의 수업 참여도가 높아진 것을 확인할 수 있습니다. 강사의 격려가 학생들의 의욕을 끌어올린 것이지요.

그러니 여러분이 리더 또는 선배로서 부하 직원 또는 후배들에게 뭔가를 지시해야 한다면 처음부터 끝까지 통제하고 관리하려 하기보다 어느 정도 그들의 자주성에 맡겨보면 어떨까요? 그저 싱긋 미소를 짓고 가볍게 어깨를 두드리기만 해줘도 좋습니다. 그것만으로도 열심히 해줄 테니 말이지요.

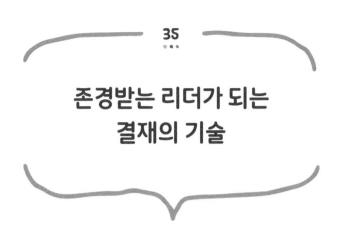

존경받는 리더가 되는
결재의 기술

모두 그런 것은 아니지만 작가 중에는 편집자를 그리 좋아하지 않는 사람도 있습니다. 이유를 물어보면 편집자가 원고를 무지막지하게 잘라내기 때문이라는 답이 자주 돌아왔습니다. 원고에 꼭 필요한 내용을 덧붙여 주기도 하지만 기본적으로는 거침없이 지우고, 바로 그 부분에서 불만을 느낀다는 것이었지요.

미국 윌리엄스칼리지의 케니스 사비츠키는 86명의 대학생을 대상으로 한 가지 실험을 했습니다.

우선 그들을 두 명씩 짝짓고 한쪽에는 작가 역할을, 다른 한쪽에는 편집자 역할을 맡겼습니다. 그런 다음 작가 역할을 맡은 학생들에게 대학 총장에게 보낼 건의문을 작성해 달라고 말했습니다.

사비츠키는 편집자 역할을 맡은 학생들을 또 둘로 나눠 각각 다른 조건을 덧붙였습니다. 한쪽에는 작가 역할을 맡은 학생들이 쓴 글의 요점을 흐리지 않는 선에서 문장을 최대한 길게 다듬을 것을, 다른 한쪽에는 최대한 삭제할 것을 요청했지요.

모든 작업이 끝난 후 사비츠키는 작가와 편집자 역할을 맡은 학생 모두에게 편집자의 기여도를 10점 만점으로 평가해 달라고 했습니다. 역할별로 어느 정도의 점수를 부여했는지 살펴보니 이런 결과가 나왔습니다.

	문장을 덧붙인 경우	문장을 삭제한 경우
편집자 역할을 맡은 학생	4.90	5.05
작가 역할을 맡은 학생	4.60	3.16

출처: Savitsky, K., et al., 2012

편집자 역할을 맡은 학생들은 문장을 더 썼든 삭제했든 모두 스스로 꽤 공헌했다고 답했습니다. 반면 작가 역할이었던 학생들은 문장을 삭제한 편집자의 기여도를 낮게 평가했습니다. 글을 잘라내기만 하는 쉬운 작업을 했을 뿐이라고 생각한 것이지요.

종종 직장에서도 비슷한 상황이 발생합니다. 상사들은 보통 아랫사람들이 기획안 등 결재 서류를 작성해 가져가면 아주 조금 손을 대거나 일부 문장을 삭제합니다.

그런데 어떤 상사들은 상급자에게 해당 문서를 자신이 모두 작성했다고 보고하기도 합니다. 이때 실제로 서류를 작성한 부하 직원의 심정은 어떨까요? 당연히 불쾌할 것입니다.

팀장이나 중간 관리자라면 업무상 당연히 아랫사람이 가져온 결재 문서에 이상이 없는지 최종적으로 확인해야 합니다. 즉 기본적으로 이 문서를 작성한 직원의 공을 인정해 줘야 한다는 뜻이지요. 상사가 일부 수정을 했더라도 말입니다.

겸손한 리더가 직원들의 존경을 받고, 부하들의 존경심은 좋은 사내 분위기와 높은 성과로 이어진다는 것을 잊지 않기 바랍니다.

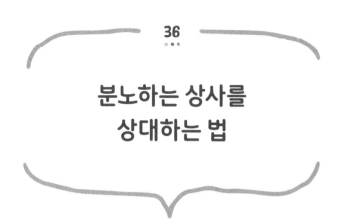

36

분노하는 상사를
상대하는 법

앞에서도 말했지만 인간은 실수와 실패를 저지를 수밖에 없습니다. 신입 사원 때는 상사나 선배에게 설교를 듣기도 하는데 이 역시 자연스러운 일이라 할 수 있습니다. 그런데 개중에는 같은 문제로 여러 번 다그치고 트집 잡는 사람도 있습니다.

한번 우리가 실수를 저지른 신입 사원이 됐다고 가정하고, 잘못을 충분히 반성하고 있는데도 끝없이 지적하는 선배가 앞에 있다고 상상해 보겠습니다. 이때 어떤 감정이 들까요? 선배의 말이 지나칠 경우 퇴사하고 싶을 정도로 괴로울 것입니다.

이때 선배의 분노를 누그러뜨릴 좋은 방법이 하나 있습니다. 가능한 한 온순한 얼굴로 눈을 내리깔고 굉장히 풀 죽어 보이는 표정을 짓는 것이지요. 최대한 측은해 보여야 합니다. 그럴수록 선배도 빨리 감정을 풀 테니 말입니다.

반대로 불만 어린 표정을 지으면 이를 본 상대의 분노가 가라앉지 않습니다. 그러니 최대한 반성하는 모습을 보여야 합니다.

미국 인디애나대학교의 데니스 디바인은 45년간의 재판 자료를 분석해 법정에서 배심원들의 판결에 영향을 미치는 요인을 알아냈습니다.

배심원들이 유죄 판결을 내리는 주요 원인 중 하나는 공판 중에 피고가 보인 태도였습니다. 특히 피고가 자신이 저지른 죄의 중대함에 무관심하거나 전혀 반성하지 않고 뻔뻔하게 행동할 때 형벌이 더욱 무거워졌습니다. 심지어 사형이 선고될 확률도 높아졌지요.

이 현상을 스콧 피터슨 효과라고도 합니다. 2002년 만삭 아내를 살해해 미국 전역을 떠들썩하게 만들었던 스콧 피터슨은 아내와 배 속의 8개월 된 아이를 죽인 혐의로 사형 선고를 받았습니다. 그는 공판 중에 제출된 범죄 현장이나 잔인한 증거 사진을 봐도 동요하지 않았고 태연하게 행동했다고 합니다.

우리가 저지른 실수로 지적을 받거나 싫은 소리를 듣는다면 최대한 반성하는 모습을 보일수록 좋습니다. 책임을 뼈저리게 느끼고 있다는 것을 알려야 한다는 뜻입니다. 그래야 조금이라도 빨리 용서와 격려가 돌아올 것입니다.

내가 저지른 실수가 아니라 해도 마찬가지입니다. 회사 동료의 과실로 고객이나 거래처가 불만을 제기한다면 나와 무관하다는 입장을 취하기보다 책임감을 느끼고 정중히 사과하는 편이 좋습니다.

참, 노파심에 덧붙이자면 반성하는 모습을 보이는 것에서 그치지 않고 정말 반성해야 하며, 이를 얼마나 잘 전달하느냐가 핵심이라는 점을 분명히 알아두기 바랍니다.

37

좋은 회사와 나쁜 회사를 가리는 기준

앞서 여러 번 말했지만 사람은 누구나 실수를 합니다. 이는 어쩔 도리가 없습니다. 인간이기에 모든 일을 완벽하게 해낼 수 없고 인간이라면 당연히 실수할 수밖에 없지요.

그러니 실수를 저지르는 것은 문제가 되지 않습니다. 중요한 것은 앞으로 실수를 얼마나 개선해 나갈 수 있는지 여부입니다. 실수했다면 이를 바탕으로 다음에 더 나은 모습을 보여주면 됩니다. 그런데 개선점을 찾기는커녕 실수했는지조차 인식하지 못하는 경우가 있습니다.

여러분의 직장 또는 여러분이 속한 팀에서는 실수나 문제점이 얼마나 자주 보고되나요? 고객의 불만 사항이나 우리 제품의 불량 상태 등에 관한 내용이 바로 보고되고 있을까요?

만약 문제가 자주 보고되지 않는다면 안심하기보다 주의해야 합니다. 그런 부서 또는 회사는 그다지 건전하다고 할 수 없으니 말이지요.

하버드대학교의 에이미 에드먼슨은 도시에 자리한 대학병원 두 곳의 여덟 개 의료팀을 상대로 반년간 의료 실수가 얼마나 발생하는지 조사했습니다. 동시에 팀별 협동심과 의료 수준, 업무 효율성을 함께 평가했지요.

실험이 끝난 뒤 에드먼슨은 놀랄 수밖에 없었습니다. 뛰어난 팀일수록 실수가 많았기 때문입니다. 오히려 실수가 적은 팀일수록 의료 실력이나 업무 효율성이 좋지 않았습니다.

그런데 조사해 보니 실제 실수 발생 횟수와 보고 건수에 차이가 있다는 사실이 드러났습니다. 업무 수행 능력이 좋지 않은 팀에 실수가 없었던 것이 아니라 실수를 저질러도 보고하지 않았던 것입니다. 즉 실제로 문제가 없었다기보다 문제 보고 횟수가 적었던 셈이지요. 보고하면 상사에게 크게 혼날 것이 뻔하다고 생각했기 때문입니다.

반면 성과가 뛰어난 팀은 서로의 실수에 관대했고, 그런 환경이다 보니 팀원들이 아주 작은 문제라도 바로 보고해 실수 발생 횟수가 많았던 것입니다.

이를 종합해 보면 문제가 발생했을 때 바로, 더 자주 보고되는 회사의 문화가 더 건전하다고 할 수 있겠습니다. 실수를 허용하는 사내 문화가 잘 자리 잡았을 테니 말입니다.

실수에 관대하지 않은 회사에서는 보고가 이뤄지지 않습니다. 괜히 알렸다가 크게 혼나고 최악의 경우 해고당할까 봐 보고하기를 포기하지요. 하지만 문제점이 회사 전체에 공유되지 않으면, 즉 개선해야 할 부분을 인식하지 못한다면 같은 문제가 여러 번 반복되다 결국 회사가 병들고 맙니다.

그러니 리더라면 아랫사람들의 실수에 너그러운 태도를 취하면 어떨까요? 실수해도 다음 번에 잘하면 된다고 격려해 주는 것입니다.

"

어떻게 해야
일과 커리어가 술술 풀릴까?

"

38

처음이라면
재미있어 보이는 일부터

❦❦   앞서 직원들에게 동기부여를 하고 싶다면 보상의 선택지를 늘리라고 말했습니다. 단골 고객을 끌어모으는 영업 마케팅 기술로도 활용할 수 있다고 덧붙였지요.

여러 보상을 제시하는 이 방법은 공부 욕구를 자극하는 데도 도움이 됩니다.

미국 텍사스대학교의 에리카 파탈은 두 고등학교의 14개 반에서 이 기술의 효과를 확인했습니다.

파탈우 교사들에게 요청해 4주 동안 학생들에게 두 가지 방법으로 숙제를 내줬습니다. 정해진 숙제를 내주거나 여러 숙제가 적힌 목록을 제시하고 그중에서 학생들이 고르도록 한 것이지요. 이때 아이들이 쉬운 과제만 고르는 일이 생기지 않도록 목록에 적힌 과제의 난이도는 비슷하게 조절했습니다.

학생들은 언제 더 숙제를 많이 풀어왔을까요? 결과를 비교하니 후자의 조건에서 점차 숙제를 제출하는 비율이 높아진다는 사실을 알 수 있었습니다. 아이들에게 공부 습관을 들일 때도 여러 선택지를 주는 방법이 효과적이라는 뜻이지요.

부모들은 자녀가 공부를 하지 않아 걱정이라며 고민을 토로합니다. 그런데 만약 아이들이 공부에 흥미를 느끼지 못한다면 지도 방식에 문제가 있을 가능성이 큽니다. 즉 지금의 지도 방식을 바꿔야 한다는 의미입니다.

수학 공부를 시키고 싶다면 아이에게 계산 문제와 주관식 문제 중에서 무엇을 풀고 싶은지 물어봐야 합니다. 마찬가지로 영어 공부를 시키고 싶다면 오늘은 문법과 단어 학습, 독해 중어떤 것을 하고 싶은지 아이에게 물어봐야 합니다. 강제로 시키기보다 여러 선택지에서 아이가 원하는 것을 고르게 해야 쉽게 흥미를 느낄 수 있기 때문입니다.

아무리 어려도 자기결정권과 스스로 정해보고 싶다는 욕구가 있습니다. 즉 아이들은 부모가 이런 욕구를 반복적으로 충족시켜 줄 때 공부에 흥미를 느낍니다. 한번 즐겁게 공부하는 습관이 생기면 나머지는 아이들이 알아서 합니다. 오히려 공부하지 않으면 허전하다고 느낄 정도로 몰입해 시키지 않아도 저절로 책을 펼치지요.

아이들을 예로 들기는 했지만 이 방법은 성인에게도 효과적입니다. 전문성을 높이기 위해 공부를 해야 하는데 좀처럼 흥미를 느끼기 힘들다면 더 재미있어 보이는 것부터 시작해 보면 어떨까요?

비슷하게 고등학생 때와 달리 대학생이 되면 시간표를 직접 짜는데, 강의 선택의 폭이 넓어지다 보니 그제서야 공부가 재밌어졌다고 느끼는 사람도 꽤 있는 모양입니다.

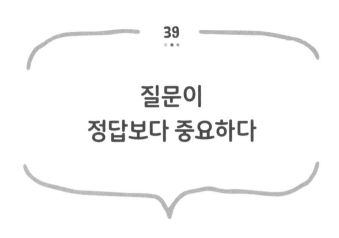

질문이
정답보다 중요하다

🌷🌸　　지식을 머릿속에 더 확실히 남길 수 있는 학습법이 있습니다. 보통 이론을 배우고 나면 문제집을 풀기 시작하는데, 단순히 문제를 많이 푸는 것만으로는 오래 기억할 수 없습니다. 오히려 직접 문제를 만들어 스스로 질문하고 답하면 더 확실히 기억나지요.

　　미국 오하이오주 오벌린칼리지의 퍼트리샤 드윈스탠리는 더 기억에 잘 남는 학습법을 알아보기 위해 실험을 했습니다.

그는 참여자들을 둘로 나눠 한쪽은 일반 교과서로, 또 어떤 사람들은 군데군데 문장이나 단어가 빠진 교과서로 공부하도록 했습니다. 후자의 경우 예컨대 교과서에 Affect(감정)라는 단어가 Af__ct로만 적혀 있어 답을 추측하면서 이해해야 했지요.

얼마 뒤 참여자들은 교과서 내용을 바탕으로 간단한 시험을 치렀습니다. 그 결과 완성된 글을 읽은 학생들은 41.95퍼센트의 정답률을, 답을 추측하면서 읽은 학생들은 61.27퍼센트의 정답률을 보였습니다. 내용을 유추하면서 공부할 때 학습 효율이 더 높아진다는 뜻입니다.

심리학에서는 이를 생성 효과라고 부릅니다. 물론 이런 공부법은 더 많은 시간이 소요됩니다. 완전하지 않은 내용을 추측하면서 읽어야 하기 때문이지요. 하지만 그 노력이 반드시 빛을 발하는 좋은 학습법입니다.

영어 단어를 외워야 한다면 인쇄된 단어장을 보고 외우기보다 나만의 단어장을 만들어 철자와 의미를 외워보기 바랍니다. 훨씬 더 기억에 잘 남을 것입니다.

독서할 때도 마찬가지입니다. 읽는 것만으로도 어느 정도 내용이 이해되겠지만 글을 읽으면서 '○○란 무엇인가?' '○○ 용어의 올바른 정의는 무엇일까?'처럼 간단히 자문하면 책에 담긴 지식을 더 깊게, 오래 기억할 수 있습니다.

최근에 출간된 심리학 교과서에는 각 장이나 단원이 끝날 때 앞부분의 내용에 관해 물어보는 질문이 적힌 부분이 있습니다. 답을 적을 수 있는 공간도 마련돼 있는데, 잘 살펴보면 교과서를 단순히 읽는 것만으로는 제대로 된 답변을 적을 수가 없습니다.

머릿속에 지식을 확실히 남기고 싶다면 이런 질의응답이 실린 책을 사서 공부하면 어떨까요? 물론 직접 문제를 만들어 풀면 내용을 더욱 깊이 있게 이해할 수 있습니다.

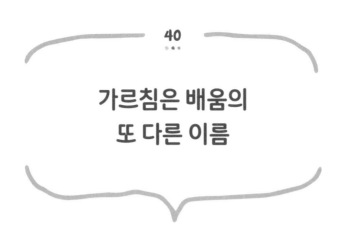

가르침은 배움의
또 다른 이름

어떤 지식을 내 것으로 만들기 위한 효율적인 공부 방법이 있습니다. 바로 이 내용을 누군가에게 가르쳐 줘야 한다고 가정하고 공부하는 것입니다.

워싱턴대학교의 존 네스토즈코는 대학생 56명에게 영화 〈경기병대의 돌격 The Charge Of The Light Brigade 〉의 줄거리를 보여줬습니다. 이때 학생 절반에게는 이 내용으로 간단하게 시험을 칠 것이라고, 나머지 절반에게는 다른 참여자들에게 줄거리를 이야기해야 한다고 귀띔했지요.

얼마 뒤 학생들에게 영화의 내용을 얼마나 기억하는지 간단히 묻자 후자의 조건을 들은 학생들이 줄거리를 훨씬 더 잘 기억한다는 결과가 나왔습니다.

정치나 경제, 역사 지식을 무작정 외우려 하면 방대한 양에 의욕이 꺾여 흥미를 느끼기도, 공부를 지속하기도 힘듭니다. 그런데 배운 내용을 유튜브에 발표해야 한다면 어떨까요? 알기 쉽게 정리해서 블로그나 카페 게시글로 올려야 한다면?

아마 공부하려는 의지가 강해져 훨씬 더 깊이 있는 지식을 습득할 수 있을 것입니다. 혼자 공부할 때와 달리 불특정 다수를 가르쳐야 한다면 어느 내용을 어떻게 전달할지 고려해야 하기 때문입니다. 열심히 공부하지 않으면 얕은 지식이 드러나 창피당할 수 있으니 필사적으로 노력하는 것이지요.

그러니 배운 내용을 누군가에게 가르치거나 이야기하면서 이해하는 공부법은 아주 훌륭한 학습법이라고 할 수 있겠습니다. 특히 반드시 해야 하는 공부라면 가상의 누군가를 가르쳐야 한다고 가정한 채 공부해 봅시다. 의욕이 생기고 더 많은 내용이 기억에 남을 것입니다.

직장에서도 후배가 생기면 갑자기 업무 능력이 높아지는 사람들이 있습니다. 후배들보다 더 많이 알고 익혀야 가르쳐 줄 수 있기 때문입니다. 신입 사원 시절에는 건성건성 일하던 사람들도 후배들을 지도해야 할 때는 달라질 수밖에 없습니다.

학교에서도 학생들의 수업 참여도를 높이고 싶다면 종종 학생들에게 교사 역할을 맡겨보면 어떨까요? 배운 내용을 학급 친구들에게 알려주기 위해 더욱 열심히 공부하지 않을까 싶습니다.

41

게임이 무조건
해롭다는 오해

🌷🌸　　　흔히들 게임을 하면 머리가 나빠진다고, 다시 말해 뇌 기능이 나빠진다고 합니다. 그런데 게임이 정말 우리의 뇌 기능을 퇴화시킬까요? 연구에 따르면 하루에 30분 정도의 게임은 오히려 뇌에 좋은 영향을 미친다고 합니다.

독일 막스플랑크연구소의 사이먼 쿤은 신문광고와 온라인으로 실험 참여자 48명을 모집해 그중 23명에게만 2개월간 매일 30분씩 '슈퍼 마리오 64'라는 게임을 하도록 요청했습니다.

두 달 뒤, 참여자들의 뇌를 촬영하자 게임을 한 사람들의 뇌에서 장기 기억을 담당하는 우측 해마가 활성화되고 집중력과 기억력, 언어 표현에 관련하는 배외측 전전두피질과 소뇌 등의 회백질이 커지는 현상이 관측됐습니다.

게임이 뇌 건강에 좋지 않다는 편견과 반대되는 결과가 나온 것입니다. 오히려 게임은 뇌에 적당한 자극을 주는 바람직한 효과가 있었습니다.

물론 짚고 넘어가야 할 부분도 있습니다. 이 실험에서 참여자들이 게임을 한 시간이 하루에 30분이었다는 점입니다. 5시간이나 10시간 동안 하면 부정적인 결과가 나올 가능성도 있다는 뜻이지요. 그러니 현재로서는 게임을 하더라도 30분 정도만 하는 것이 가장 좋은 방법이 아닐까 싶습니다.

저 역시 게임을 매우 좋아합니다. 어릴 적에는 어머니에게 "너는 게임만 하니 제대로 된 어른이 될 수 있을까 걱정이구나"라는 말을 자주 들을 정도였습니다.

지금의 저는 어머니의 우려와 달리 평범하게 잘 자라 나름대로 제 몫을 하며 살고 있습니다. 적어도 게임은 짧게만 한다면 오히려 뇌를 활성화하는 모양이니 크게 걱정할 필요는 없지 않을까요?

    최근에는 인터넷 중독을 넘어 스마트폰 중독을 우려하는 목소리가 커지고 있습니다. 가만히 생각해 보면 사람들은 라디오가 처음 발명됐을 때도 라디오가 좋지 않다고 했습니다. TV가 등장했을 때도 마찬가지였지요. 어쩌면 우리는 새로운 기술이나 제품의 등장에 본능적으로 두려움을 느끼는 걸지도 모르겠습니다.

'모르는 것'은 피하기보다
이해해야 할 대상이다.

42

돈보다 마음을
따라야 할 때도 있다

🌷🌸　　　공부할 때는 배우는 쪽에도 알고자 하는 욕구가 있
어야 하지만 가르치는 쪽에도 잘 알려주고 싶다는 열정이 있어
야 합니다.

교사와 강사들의 가르치고자 하는 욕구는 무엇으로 자극할
수 있을까요? 그들에게도 성과급을 지급하면 열심히 강의해
결과적으로 학생들의 성적이 오를까요?

이를 알아보기 위해 하버드대학교의 롤랜드 프라이어는 뉴

욕 시내의 학교, 특히 학생 지도에 어려움을 겪는 몇몇 학교의 교사들을 대상으로 실험을 했습니다.

그는 교사들에게 7,500만 달러의 성과급을 지급하고 4년 동안 학생들의 성적과 출석률에 변화가 있는지 살폈습니다. 한화로 약 1,012억 원에 이르는 금액을 받았으니 교사들도 의욕을 불태우지 않았을까요?

그런데 예상과 전혀 다른 상황이 펼쳐졌습니다. 학생들의 성적, 출석률, 졸업률 중 어느 것도 전혀 좋아지지 않은 것이지요. 오히려 학생 수가 많은 학교에서는 교사들에게 성과급을 지급한 뒤 학생들의 성적이 떨어지는 결과가 나왔습니다.

이 실험에서 눈여겨봐야 할 점은 바로 성과급, 즉 돈이 보상으로서 기능하지 못했을 가능성입니다. 교사들은 왜 교사라는 직업을 택했을까요? 경제적인 부를 쌓기 위해서였을까요?

아니, 그렇지 않습니다. 고소득이 목적이었다면 훨씬 적합한 다른 직업이 많습니다. 그들이 교단에 선 이유는 바로 학생을 가르치고 돕는 일에서 즐거움과 보람을 느끼기 때문입니다. 교사들은 문제를 풀지 못하거나 매사에 서투른 학생이 능동적으로 문제를 풀고 행동하는 모습에 기뻐합니다. 장성한 제자들이 찾아와 감사 인사를 전할 때 감동받기도 하지요.

그런 사람들에게 보상으로 고액의 성과급을 지급했으니 심리적으로 반발했을지도 모릅니다. 오히려 모욕감을 느껴 교육 열정과 의욕이 떨어지고, 그 여파로 학생들의 성적이 오르지 않았을 가능성이 크다는 뜻입니다.

교사들에게 금전적 보상이 필요 없다는 말은 전혀 아닙니다. 금전적 보상이 다가 아니며, 때로는 비물질적 보상에서 뿌듯함을 느끼는 사람들도 있다는 점을 알아둬야 한다는 것입니다.

43

반복 학습에도
유통기한이 있다

처음 배운 것을 단번에 이해하는 사람은 거의 없습니다. 그래서 가르치는 쪽은 배우는 쪽에게 같은 내용을 반복적으로 알려줍니다. 만약 여러분이 누군가를 가르치는 입장이 된다면 이 점만큼은 꼭 유념하기 바랍니다. 설명을 알아듣지 못한다고 집요하게 알려주려 하면 역효과가 난다는 사실을 말입니다.

후배에게 업무를 알려주는 상황이라고 해보겠습니다. 후배가 같은 실수를 반복한다면 서너 번 정도는 다시 지도해 줘도 좋습니다. 하지만 그 다음부터는 자세히 알려주지 않아도 괜찮습니다. 그렇게 했는데도 계속 실수한다면 나머지는 실전과 본인의 노력에 맡기는 편이 낫기 때문입니다.

독일 만하임대학교의 사이먼 쉰들러는 실험 참여자들에게 에이즈에 관한 교육 홍보물을 건넸습니다. 최소 두 번에서 최대 일곱 번까지 읽을 것을 요청하면서 말이지요.

그런 다음 참여자들에게 에이즈에 대한 두려움을 7점 이내로 평가해 달라고 하니 이런 결과가 나왔습니다.

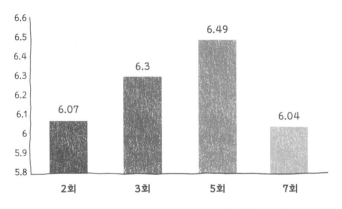

출처: Schindler, S., et al., 2011

홍보물을 다섯 번 읽은 사람들이 에이즈를 가장 무섭게 생각한 데 반해 일곱 번 읽은 사람들은 가장 두렵지 않다고 생각한 것이지요.

학습에서 반복은 기본적으로 권장할 만합니다. 한 번 배우고 제대로 이해하기란 정말 쉽지 않기 때문입니다. 하지만 반복도 지나치면 좋지 않습니다. 일곱 번 이상 반복하면 질려 하거나 귀담아듣지 않아 교육적 효과가 떨어집니다.

그러니 누군가를 지도할 때도 같은 내용이라면 세 번에서 다섯 번 정도가 적당하지 않을까요? 하루에 똑같은 말을 수없이 들으면 흥미가 사라지는 것은 물론 배움에 대한 반발심만 자극할 뿐입니다. 다른 날에 반복하는 것은 상관없겠지만 말입니다.

44

연필과 펜은
컴퓨터보다 강하다

상대의 말이나 배운 내용을 오래 기억하고 싶다면 연필과 펜을 활용하면 좋습니다. 손으로 필기하면서 들으면 좋다는 뜻이지요.

강의도 내용을 적으면서 들으면 강사의 설명을 바를 더욱 깊이 있게 이해할 수 있습니다. 회의에서도 마찬가지입니다. 단 필기를 한다면 스마트폰이나 태블릿PC보다 수첩이나 메모장에 적는 편이 좋습니다.

물론 전자기기를 활용하면 더 편리합니다. 나중에 메모한 내용을 원하는 대로 편집할 수 있고 자료로 만들기도, 메일로 발송하기도 쉽습니다. 하지만 그럼에도 필기는 종이에 하는 편이 좋습니다.

미국 프린스턴대학교의 팜 뮐러는 대학생 65명에게 기술, 엔터테인먼트, 디자인 등 다양한 분야의 전문가들이 출연하는 강연 채널인 〈테드톡스TED Talks〉의 영상 시청을 부탁했습니다. 그러면서 참여자 절반에게는 공책에 펜으로 직접 쓰면서, 나머지 반에게는 책상에 놓인 노트북으로 강연 내용을 메모해 달라고 요청했지요.

참여자들이 영상 시청을 마치자 뮐러는 그들에게 강연 내용과 무관한 작업을 30분 정도 시킨 뒤 강연 내용을 기반으로 간단한 시험을 실시했습니다. 이때 문제 유형은 인더스문명의 존속 기간 등을 묻는 사실에 관한 이론 문제와 일본과 스웨덴에서 사회 평등을 달성하는 방법의 차이점 등을 묻는 응용 문제로 구성했지요.

과연 어떤 방식으로 필기한 쪽의 성적이 더 좋았을까요? 양쪽 모두 이론 문제 점수는 별 차이가 없었습니다. 반면 심화 문제에서는 공책에 필기한 학생들의 점수가 훨씬 높았습니다.

이런 현상이 나타난 이유에 대해 뮐러는 컴퓨터를 사용하면 메모하는 행위 자체에 주의가 쏠려 내용 이해도가 낮아지기 때문이라고 말했습니다. 강사가 말하는 것을 닥치는 대로 모두 적으면 된다고 생각해 내용 이해보다 받아 적는 데 급급해진다는 것입니다.

반면 펜으로 필기할 때는 강사의 이야기에 집중하면서 핵심만 적을 수밖에 없어 자연히 내용 이해도가 높아집니다. 속기사가 아닌 이상 모든 내용을 옮겨 적을 수는 없으니 말이지요.

결국 손으로 쓰는 편이 배운 내용을 이해하고 기억하는 데 더욱 도움이 된다는 뜻입니다. 노트북이나 태블릿PC, 스마트폰도 우리 일상에 여러모로 도움이 됩니다. 하지만 공부할 때만큼은 공책과 펜을 사용해 보면 어떨까요?

"직접 쓰는 것은 몸에 기억을 남긴다."

빌 게이츠

45

문제는
쓸수록 달아진다

❧❀　　혹시 레코딩recoding 다이어트에 대해 들어본 적이 있나요? 이는 일본 애니메니션 제작사 가이낙스의 설립자이자 오사카예술대학, 메사추세츠공과대학 등에서 강연한 오카다 도시오가 자신의 베스트셀러《항상 뚱보일 거란 생각은 버려 いつまでもでぶと思うなよ》에서 소개한 다이어트 방법입니다. 말 그대로 자신이 먹은 것을 기록하기만 하면 되는 간단한 방법인데 의외로 효과적이라 관련 앱도 속속 개발되고 있다고 합니다.

이 기록하는 행동은 어디에나 응용할 수 있는데 특히 문제 행동을 고치는 데 효과적입니다. 개선하고 싶은 행동을 기록하다 보면 점점 나아진다는 것이지요.

만약 담배를 끊고 싶다면 담배를 입에 물 때마다 수첩이나 메모장 앱에 바를 정正자 또는 숫자 등으로 하루에 피는 담배 개수를 기록해 봅시다. 그러다 보면 신기하게도 오늘은 38개비, 다음 날은 34개비, 사흘째에는 29개비, 나흘째와 그 다음에는 점점 더 작은 수를 기록하며 담배 개수와 함께 문제 행동이 줄어들 것입니다.

미국 오하이오주립대학교의 제이슨 듀라는 과식장애로 고민하는 남성에게 과식 후에 먹은 것을 게워내면 구토한 시간을 정확하게 기록하도록 지시하고 문제 행동이 개선되는지 살폈습니다.

남성은 평균적으로 하루에 네 번 구토했는데, 기록을 시작하자 3회, 2회로 조금씩 횟수가 줄어들다가 6개월 후에는 마침내 구토를 하지 않게 되었습니다. 기록만 했을 뿐인데 문제 행동이 사라진 것입니다.

갑자기 어떤 문제나 습관을 바꾸는 것은 정말 어렵고 잘 되지도 않습니다. 그러니 '이 행동을 반드시 그만둬야 해' 하며 의지를 다지며 분발하기보다 그 행동을 할 때 기록을 해보면 어떨까요?

처음에는 가벼운 마음으로 시작하면 됩니다. '내 행동을 정확하게 파악하려고 기록할 뿐이야'라고 생각하면 행동을 고쳐야 한다는 부담감도 줄어듭니다. 편안하게 기록하다 보면 아주 조금씩 행동을 조심하게 되고 자연히 문제 행동이 개선됩니다.

아침에 일어나기 힘든 사람이라면 기상 시간을 적어보면 어떨까요? 어느 순간 평범하게 원하는 시간에 일어날 수 있을 것입니다.

건강을 위해 걷기 운동을 하고 싶다면 만보기를 가지고 다니며 하루 걸음 수를 기록해 보기 바랍니다. 점차 많이 걷고 싶은 마음이 들 것입니다.

46

겁먹는 사람과
분노하는 사람의 차이

  한번 지금 우리 능력으로 해내기에는 역부족인 일을 맡았다고 가정해 보겠습니다. 더 구체적인 예를 들어볼까요? 경력이 짧고 아직 배워야 할 점도 많다고 생각하는데 덜컥 팀장이나 주요 사업의 책임자가 됐다고 상상해 봅시다. 기분이 어떨까요?

 능력을 인정받은 셈이니 처음에는 기쁠 것입니다. 하지만 동시에 두려움과 근심도 몰려오겠지요. 아마 과업을 잘 완수할 수 있을지 스스로를 의심하고 실패할까 봐 걱정할 것입니다.

이런 상황에서 소란스러운 마음을 가라앉히는 좋은 방법이 있습니다. 바로 두려운 감정에 전전긍긍하기보다 분노하는 것입니다. 이런 식으로 말하면서 말이지요.

"이런 일로 지지 않을 거야!"
"과분한지 아닌지는 해봐야 알아!"

분노하면 위험을 무디게 느낄 수 있습니다. 그러니 너무 공포스럽다면 마주한 상황에 부딪쳐 화를 내보면 어떨까요?

도망칠 곳이 없는 장소에서 눈앞에 칼을 든 사람이 있다고 상상해 보겠습니다. 이런 상황에서는 뒷걸음칠수록 더욱 위험해질 뿐입니다. 오히려 '까불고 있네!' 하며 분노하면 맞설 힘이 생깁니다.

미국 카네기멜런대학교의 제니퍼 러너는 2001년 9.11 테러 직후인 9월 20일에 미국 전역에서 무작위로 선정한 19~88세의 973명을 대상으로 실험을 진행했습니다.

러너는 이들을 둘로 나눠 한쪽에는 당시 그들이 느낀 분노에 대해 물었습니다.

"테러리스트들은 우리에게 다양한 감정을 느끼게 했습니다. 저희는 특히 당신을 화나게 한 것에 관심이 있습니다. 그때 느낀 분노의 감정을 설명해 주세요."

또 다른 집단에는 '화나게 한 것'을 '공포를 느낀 것'으로, '분노'를 '공포'로 바꿔 당시 느낀 공포에 대해 질문했습니다.

그런 다음 여행에서 사고에 휘말릴 위험이나 타고 있는 비행기가 추락할 위험 등을 어림잡도록 요구했는데, 놀랍게도 분노의 감정을 떠올린 집단에서 모든 위험을 낮게 예상하는 결과가 나왔습니다. 분노하면 위험을 무디게 받아들인다는 것이지요.

어떤 상황에서 두려움을 느낀다면 이를 분노의 감정으로 대체해 보기 바랍니다. 덜 무서워질 테니 말입니다.

운동경기와 비즈니스에서도 마찬가지입니다. 감당하기에 벅차거나 결과가 걱정되는 일이 생기면 "지지 않을 거야"라고 입밖으로 내뱉어 봅시다. 의외로 효과가 있을 것입니다.

47

욕설을 내뱉으면
돌아오는 의외의 효과

인간의 마음은 매우 약합니다. 쉽게 지치고 포기하고 싶어 하지요. 그럼에도 살다 보면 이 악물고 분발해야 하는 상황이 발생합니다. 직장인을 예로 들면 아무리 피곤해도 어떻게든 그날 꼭 끝내야 하는 일이 생기지 않던가요?

마음이 무너질 것 같을 때, 조금 더 힘을 내고 싶을 때 사용하면 매우 효과적인 심리 기술이 있습니다. 조금 품위 없는 방법이라 소개하기 조심스럽지만 만일에 대비해 알아두면 좋으리라 생각합니다.

그 방법이란 바로 비속어를 내뱉는 것입니다. 누군가를 비방할 때 쓰는 말이기에 욕설이라고도 하지요. 영어로 치면 드라마와 영화 속 인물들이 내뱉는 "Fuck!" "Shit!" 등인데, 한국어로는 "젠장!" 정도로 해석할 수 있겠습니다.

앞서 분노의 말을 내뱉으면 공포를 이겨낼 수 있다고 했습니다. 분노의 말은 인내심을 길러야 할 때와 조금 더 힘을 내야 할 때도 효과적입니다.

영국 킬대학교의 리처드 스티븐스는 실험 참여자들에게 손발이 저릴 정도로 차가운 물이 담긴 양동이에 손을 담그라고 한 다음 버틴 시간을 측정하는, 꽤 가혹한 실험을 진행했습니다. 도저히 못 버티겠다면 빼도 되지만 최대 5분간 참아보라는 조건을 덧붙이면서 말이지요.

또 이때 참여자 절반에게는 "이런, 제길" "젠장" "제기랄!" 등 욕설을 내뱉도록, 나머지 절반에게는 침묵을 지키며 버티도록 요청했습니다.

과연 어느 쪽이 더 오래 버텼을까요? 시간을 측정하니 다음과 같은 결과가 나왔습니다.

	남성	여성
욕설을 내뱉으면서 참음	190.63초	120.29초
욕설을 내뱉지 않고 참음	146.71초	83.28초

출처: Stephens, R., et al., 2009

성별에 관계없이 비속어를 내뱉은 쪽이 더 오래 참았다는 사실을 알 수 있습니다. 아무래도 힘든 일을 할 때 욕설이 힘을 주는 마법의 주문이 되는 모양입니다.

무거운 짐을 나르거나 힘든 운동을 해야 할 때 등 고된 일을 해야 한다면 "젠장!" 하고 소리 내면 덜 힘들어질 것입니다. 교양 있는 방법은 아니지만 이런 방법도 있다는 것을 알려주고자 소개했습니다.

48

창의력을 꽃피울 수 있는
장소가 있다면?

❀❀   대학 입시를 준비할 때는 취업을 준비할 때든 학교와 기업이 지원자에게 공통적으로 원하는 역량이 있으니, 바로 창의력입니다. 창의력이란 기존에 없던 발상을 떠올리는 능력입니다. 무슨 일을 하든 모두에게 필요한 역량이라는 뜻이지요.

혹시 지금까지 창의력이 음악가나 화가 등 예술가, 광고 기획자와 마케터, 디자이너들에게만 필요한 능력이라고 생각했다면 이는 크나큰 오해라고 말하고 싶습니다. 업무를 하다 보면 '여기만 조금 바꿔주면 일이 훨씬 수월해질 텐데' 하고 깨닫는 경우가 있는데 이 역시도 창의력이 작용한 결과이기 때문입니다.

   일본 기업에서 창의력을 발휘한 사례라고 하면 토요타자동차의 문제 개선 방식이 잘 알려져 있습니다. 조직 구성원이라면 누구나 기존의 업무 진행 과정을 검토해 더 효율적인 업무 방식을 제안할 수 있기 때문입니다.

   이렇듯 개선 방안을 생각하는 과정이 바로 창의력을 이용해 결론을 도출하는 방식입니다. 우리 모두에게 창의력이 일상적으로 필요할 수밖에 없는 이유지요. 그렇다면 창의력은 도대체 어떻게 키울 수 있을까요?

   쉬운 방법을 하나 소개하겠습니다. 바로 초록색을 멍하니 바라보는 '초록색 바라보기 연습'입니다. 미심쩍을 수도 있지만 이미 실험으로 그 효과가 검증됐습니다.

   독일 뮌헨대학교의 슈테파니 리히텐펠드는 실험 참여자들에게 초록색과 흰색을 보여준 뒤 양철통의 새로운 사용법이 있을지 의견을 말해달라고 했습니다. 그런 다음 평가자 역할을 맡은 두 사람에게 아이디어의 창의성 정도를 5점 만점으로 점수

매겨달라고 했지요. 그러자 초록색을 본 사람이 훨씬 더 독특한 의견을 생각해 냈다는 결과가 나왔습니다.

이어진 두 번째 실험에서는 참여자들에게 초록색과 회색을, 세 번째 실험에서는 초록색과 빨간색, 회색을 보여줬습니다. 결과는 같았습니다. 몇 번을 반복해도 초록색이 다른 색보다 창의력을 높인다는 사실이 밝혀진 것이지요.

초록색은 식물이 지닌 자연의 색입니다. 이를 달리 해석하면 자연환경이 풍부한 곳에서 우리의 창의력이 더 활성화된다고도 할 수 있겠습니다.

우연일 수도 있지만 기업들의 연구소가 자리한 위치를 보면 근처에 숲이 있는 경우가 많습니다. 혹시 연구원들이 좋은 아이디어를 내는 데 도움을 주기 위해 심은 게 아닐까요?

여러분도 좋은 아이디어가 떠오르지 않을 때면 한번 창문 밖을 보며 초록색을 찾아보기 바랍니다. 독특한 해결책이 떠오를지도 모르니 말입니다.

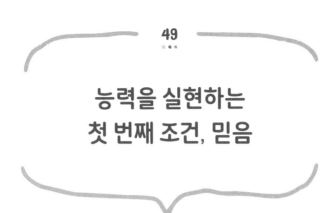

49

능력을 실현하는
첫 번째 조건, 믿음

믿음의 힘은 상상 이상으로 강력합니다. 무엇을 믿느냐에 따라 인생이 달라지고, 믿음이 앞으로의 인생을 결정한다 해도 과언이 아닐 정도지요.

스스로에 대한 믿음 역시 마찬가지입니다. 스스로 할 수 있다고 생각하면 정말 할 수 있게 되고, 할 수 없다고 생각하면 정말로 할 수 없게 됩니다. 그러니 어떤 방향으로든 믿음을 굳혀야 한다면 되도록 긍정적인 쪽을 택해야 합니다.

'여자는 남자에 비해서 수학을 못한다'라는 유명한 고정관념이 있습니다. 편견일 뿐이라는 것을 모두 알고 있지요. 그런데 여성이 이 말을 믿으면 정말 수학을 못 하게 된다고 합니다. 비슷하게 '운동선수는 머리가 그렇게 좋지 않다'는 편향된 인식도 있는데, 역시 운동선수 스스로가 그렇게 믿으면 정말 성적이 부진해진다고 합니다

미국 스탠퍼드대학교의 토마스 디는 대학생 84명을 대상으로 실험을 진행했습니다.

이때 참여자의 44퍼센트는 운동부 소속이었습니다. 디는 운동부 소속 여부는 고려하지 않고 참여자 전체를 둘로 나눈 뒤 한쪽에만 "전미대학체육협회 회원이신가요?" "어떤 종목을 하시나요?" "일주일에 연습을 얼마나 하시나요?" 등 운동에 관해 질문했습니다. 운동이라는 행위를 강하게 상기시키려는 목적이었지요. 다른 한쪽에는 학생 식당에서 좋아하는 메뉴나 만족도 등 운동과 상관없는 질문을 했습니다.

이후 모두에게 미국 대학원수학자격시험인 GRE를 치르게 했는데, 그 결과 운동부면서 운동 관련 질문을 받은 참여자들의 성적이 그렇지 않은 이들에 비해 저조했다고 밝혔습니다.

믿음의 힘은 상당히 강합니다. 그러니 무슨 일을 하든 부정적인 믿음은 버리는 편이 좋습니다. '나는 느림보야'라고 생각하면 일을 빠르게 해낼 수 없고 '나는 뚱뚱해서 인기가 없어'라고 생각하면 정말 그렇게 되니 말이지요.

만약 여러분이 부정적인 믿음을 가지고 있다면 그런 믿음은 스스로의 목을 조일 뿐이니 얼른 내다 버려야 합니다. 전혀 근거 없는 믿음이며 그렇게 믿는 한 변할 수 없다는 점을 먼저 알아두면 좋겠습니다.

"어떤 것을 보려면 먼저 믿어야 한다."

랄프 호드슨

"

어떻게 해야
경제생활이 술술 풀릴까?

"

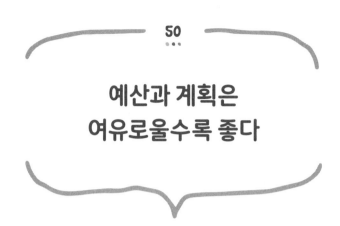

예산과 계획은
여유로울수록 좋다

   우리는 머릿속으로 앞으로 인생을 어떻게 살고 싶은지 떠올리곤 합니다. 하지만 인생이란 참 얄궂어서 생각대로 흘러가지 않습니다. 연 단위의 굵직한 계획은 물론 가벼운 여행이나 하루 일정을 세울 때도 예상치 못한 상황이 끼어들기 마련이지요.

  우리는 대부분 계획이 틀어지고 나서야 무엇이 잘못됐는지 고민하며 해결책을 찾습니다. 이런 문제 상황에서 어떻게 해야 우왕좌왕하지 않고 침착하게 대응할 수 있을까요?

심리학적으로 조언하자면, 처음부터 예상과 달라지리라 가정하고 계획을 세우면 됩니다. 100퍼센트 초과할 것을 전제하고 예산안을 작성하면 된다는 뜻이지요. 이렇듯 미리 대비해둬야 일이 계획대로 풀리지 않아도 이럴 줄 알았다면서 쉽게 받아들일 수 있습니다.

덴마크 올보르대학교의 벤트 플루비야는 20개국의 인프라 부문 예산안과 실제 사용한 비용을 비교한 결과 조사한 258건 모두 예산을 초과했다고 밝혔습니다. 예산 초과율 100퍼센트라는 놀라운 수치가 나온 것이지요.

특히 북미나 유럽 국가들보다 개발도상국에서 예산안과 실제 사용 비용의 차이가 컸습니다. 세부적으로 살펴보니 도로 분야 예산 초과율은 20퍼센트로 그나마 사정이 나았고, 다리와 터널 분야는 34퍼센트, 철도 분야는 45퍼센트로 더욱 큰 차이가 났습니다.

플루비야는 심지어 지난 70년간 예산 규모가 꾸준히 늘었다는 사실도 알아냈습니다. 흔히 실패는 성공의 어머니라고 하는데, 정부 부처가 국가 예산을 분배하는 과정에서 어떤 반성도 학습도 하지 않았다는 사실을 밝힌 셈입니다.

그렇다면 어떻게 해야 예산 초과율을 줄일 수 있을까요? 해결 방법은 아주 간단합니다. 예산을 상당히 여유 있게 상정하는 것이지요.

다른 경우에도 마찬가지입니다. 예산이든 납기일이든 회사에 채용해야 하는 인재의 수든 그 정도까지 필요할 리가 없다는 생각이 들 만큼 여유롭게 확보하는 것입니다.

참고로 저는 도서 집필을 의뢰받았을 때 3주 정도면 탈고할 수 있을 것 같아도 담당 편집자에게는 넉넉히 3개월 정도 걸린다고 답변합니다. 그래야 예상보다 오래 걸려도 피해를 주지 않을 테니 말이지요.

살다 보면 일상의 여러 부문에서 다채롭게 예기치 못한 일이 발생하니 계획은 여유롭게 세우는 편이 좋습니다.

51

기준을 세우면
돈이 새지 않는다

한국이나 일본에는 팁 문화가 없습니다. 그래서인지 많은 사람이 미국 등 팁 문화가 있는 국가로 여행을 갔을 때 기분 좋은 응대를 받았어도 팁을 얼마나 줘야 할지 몰라 고민합니다. 그러다 결국 아예 팁을 주지 않는 경우도 있는데, 서비스를 제공한 점원 입장에서는 당혹스러운 일일 것입니다.

그럼 팁을 얼마나 계산해야 할까요? 간단합니다. 자신만의 명확한 기준을 정해두면 됩니다. 또는 식당 측에 기준을 제안해 달라고 요청해도 좋습니다.

반대로 여러분이 점원이나 식당 측이라면 기준을 제시할 때 구체적인 예시를 함께 들어야 고객들이 잘 이해한다는 점을 알아야 합니다.

미국 유타주립대학교의 존 세이터는 식당에 찾아온 113쌍의 손님을 대상으로 간단한 실험을 진행했습니다. 어떤 테이블에는 '팁 예시: 식사 금액의 15퍼센트'라고 적힌 종이를 보여주고 어떤 테이블에는 그 종이를 보여주지 않은 것이지요.

어느 조건에서 손님들이 팁을 얼마나 계산했는지 비교하니 전자의 조건에서 더 많은 손님이 팁을 두둑하게 제공했다는 결과가 나왔습니다.

음식값의 15퍼센트라고 하면 어느 정도 내야 하는지 예상할 수 있고 기분에 따라 더 얹어줄 수 있어 손님도 더 편하지 않았을까요?

기준을 세우면 무슨 일이든 수월해집니다. 어떤 결정을 내려야 할 때뿐만 아니라 상대방에게 뭔가를 요청할 때도 마찬가지이지요. 특히 다른 사람들에게 어떤 행동을 촉구하고 싶다면 구체적인 예시까지 보여주는 편이 좋습니다.

보행 방향을 예로 들어보겠습니다. 일본 행정구역상 수도권에 속하는 도쿄에서는 계단이나 에스컬레이터에서 좌측통행이 일반적이지만 간사이 지방의 도시에서는 우측통행이 일반적입니다.

같은 국가인데도 지역에 따라 다르니 각각의 지역에 처음 방문한 사람들은 많이 당황스러울 것입니다. 이때 통행로에 '여기서는 좌측통행(또는 우측통행)'이라고 적힌 표지판과 간단한 홍보물을 붙여둔다면 혼란이 줄어들겠지요.

신발을 벗어야 하는 장소에서 방문객들이 그렇게 행동하기 바란다면 신발을 벗는 사람이 그려진 삽화를, 그 근처에 놓아두면 됩니다. 어지간히 비뚤어진 사람이 아니고서야 이를 보고 '여기서는 그렇게 하면 되는구나' 하며 깨닫고 따를 것입니다.

제품 설명서도 마찬가지입니다. 글만 가득한 설명서는 이해하기 어렵습니다. 카메라 설명서라면 전원 위치를 그림 위에 짚어 알려주면 누구나 쉽게 알아듣겠지요. 실제로 요즘에는 그런 설명서가 많아진 덕분에 어떤 제품을 사도 어렵지 않게 사용할 수 있습니다.

목표는 구체적일수록
따르기도, 이루기도 쉽다

52

돈 모으기에
독이 되는 신용카드

❧❦ 　　자본주의사회에 살고 있는 만큼 경제적 안정은 우리 일상과 떼려야 뗄 수 없는 주제입니다. 좀 더 직설적으로 말하자면 대부분의 사람에게 부자가 되고 싶은 욕구가 있다는 뜻입니다. 최근 투자에 대한 열기가 높은데, 그런 이유 때문이 아닐까 싶습니다.

　단 투자도 준비 자금이 있어야 시작할 수 있습니다. 일단 어느 정도 돈을 모은 다음에야 불릴 수도 있다는 이야기입니다. 그렇다면 어떻게 해야 효과적으로 돈을 모을 수 있을까요?

당연한 말이지만 불필요한 소비를 하지 말아야 합니다. 당연한 말이지만 돈을 쓰면 쓸수록 지갑과 통장 잔고가 가벼워지니 말입니다. 아무리 돈을 많이 번다 해도 마찬가지입니다. 낭비하기만 하면 모을 수 없습니다.

언젠가 경제적으로 안정되는 사람은 돈을 쓰지 않는 사람입니다. 사용하지 않으면 자연스럽게 모이기 때문이지요. 한 방울 한 방울의 물이 모여 큰 연못이나 호수가 되는 이치와 같습니다.

소비를 줄이는 가장 빠르고 효과적인 방법은 바로 신용카드를 가지고 다니지 않는 것입니다. 지갑 속에 카드가 있으면 쓰고 싶어지기 때문입니다.

흔히들 '이번 달 생활비가 생각보다 더 많이 나왔지만 신용카드를 사용하면 되니 괜찮겠지' 하고 쉽게 소비합니다. 자연스럽게 사치 부리는 것이지요. 그러니 아예 신용카드를 가지고 다니지 않는 편이 좋습니다.

뉴욕대학교의 프리야 라구비르는 신용카드 사용 여부가 지출에 미치는 영향을 알아보기 위해 실험을 했습니다.

그는 참여자들에게 새로 개업한 음식점의 소개문을 주며 읽어볼 것을 요청했습니다. 신용카드 사용 가능 표시를 한 것과 하지 않은 것, 두 가지를 무작위로 섞어 건네면서 말입니다. 이어서 참여자들에게 "이 레스토랑에서 어느 정도 금액으로 식사하겠어요?"라고 묻자 이런 답변이 돌아왔습니다.

	점심 식사	저녁 식사
신용카드 사용 가능	7.34달러	12.70달러
신용카드 사용 불가능	6.47달러	10.96달러

출처: Raghubir, P. & Srivastava, j., 2008

신용카드 사용이 가능하다고 적힌 소개문을 읽는 사람들이 더 높은 가격을 지불하겠다고 대답한 것입니다.

신용카드를 가지고 다니면 과소비할 가능성이 커집니다. '돈을 물 쓰듯 사용하는 것도 아닌데 큰 문제가 있을까?' 하는 생각이 들 수도 있습니다. 하지만 '티끌 모아 태산'이라 했듯 조금씩 꾸준히 지출하다 보면 안정적으로 저축하기 힘들어집니다.

요즘에는 스마트폰 앱을 이용한 결제도 보편화되면서 현금을 가지고 다니는 사람을 더욱 찾아보기 힘듭니다. 카드 결제만 받는 매장이 있을 정도지요.

상황이 이렇다 보니 현금을 가지고 다니는 것이 번거로울 수 있지만 그럼에도 현금 쓰는 습관을 들이기 권합니다. 그래야 더 쉽게 저축할 수 있기 때문입니다.

정 힘들다면 계좌에 들어 있는 금액만큼만 사용할 수 있는 체크카드를 사용해도 좋습니다. 핵심은 신용카드를 몸에 지니고 다니지 않는 것이니까요.

53

맑은 날
=투자하기 좋은 날

사람들은 심리학이라고 하면 보통 상담실에서 상담하는 모습이나 동물을 이용한 실험을 떠올립니다. 하지만 심리학의 폭은 굉장히 넓습니다. 심리학자는 우리 일상의 여러 현상을 관찰하고 연구하지요.

이번에는 주식 투자자들에게 유용한 심리 기술을 소개하려합니다. 근 몇 년간 부동산이든 주식이든 투자에 대한 열기가 뜨겁습니다. 연일 성공적인 투자에 관한 도서가 베스트셀러에 오르기도 했습니다.

만약 여러분이 주식 투자자이고 매매를 고려하고 있다면 그날의 주식 시장을 확인하기 전에 날씨를 확인해 볼 것을 추천합니다. 갑자기 웬 날씨 타령일까 싶겠지만 주식 투자도 결국 사람이 행하는 일이라 투자자들의 심리 상태에 큰 영향을 받습니다. 그리고 사람의 심리는 그날 날씨에 좌지우지되는 경우가 많지요. 날씨를 보면 그날의 주가가 어떻게 흐를지 어느 정도 예측할 수 있다는 뜻입니다.

미국 오하이오주립대학교의 데이비드 허슐레이퍼는 26개국의 1982~1997년 주가 데이터와 아침 기상정보를 분석해 주가와 날씨의 상관관계를 살폈습니다.

그결과 아침 날씨가 맑으면 주가가 오르는 명확한 경향을 확인할 수 있었지요.

아침에 일어났을 때 날씨가 좋으면 기분도 좋아지기 마련입니다. 날씨가 맑으면 쉽게 들뜨고, 그런 날에 주가도 쭉쭉 올라가는 것이지요.

쇼핑객들에게서도 비슷한 현상이 일어납니다. 날씨가 맑으면 기분이 좋아 예정에 없던 쇼핑을 하거나 충동적으로 고가 상품을 구매하는 것이지요. 그러니 상점을 운영한다면 맑은 날에는 상품 재고를 넉넉히 준비하는 편이 좋습니다. 평소보다 쇼핑객들의 지갑도 쉽게 열릴 테니 말입니다.

참, 맑은 날에 주가가 상승한다고 해서 흐린 날에 주가가 하락한다고 생각해서는 안 됩니다. 비나 눈이 올 때 우울함과 무기력감을 느끼기 쉽지만 그런 날 주가가 내려가는지에 대해서는 자료가 부족하기 때문이지요. 현시점에서 확실히 말할 수 있는 것은 맑은 날에 주가가 오른다는 점뿐입니다.

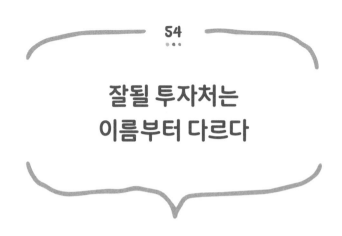

잘될 투자처는
이름부터 다르다

주식 투자자들이 매수를 결정하기까지 가장 공들여 살피는 부분 중 하나가 바로 기업 분석일 것입니다. 기업의 현재 상황과 미래 성장 가능성을 예측해 투자해야 하니 말입니다. 투자자들은 이를 위해 기업의 재무제표와 시가총액, 이익성장률 등 여러 수치와 경영자의 능력이나 기업의 비전 등을 살핍니다. 시간과 노력이 많이 드는 쉽지 않은 과정이지요.

그런데 기업의 자본금 상태나 분야를 몰라도 어느 정도 주가를 예측할 수 있는 방법이 있습니다. 어려운 수식이나 용어도 필요없습니다. 단지 그 회사의 이름을 알기만 하면 되기 때문이지요. 이름을 알았다면 그 이름을 몇 번 중얼거려 보면 됩니다.

만약 이름을 쉽게 발음할 수 있고 기억하기 쉽다면 아마 그 기업의 실적은 좋을 것입니다. 반대로 발음하기 어렵거나 너무 길어 기억하기 어렵다면 분명 실적이 좋지 않을 것입니다.

프린스턴대학교의 애덤 올터는 뉴욕증권거래소와 아메리카 증권거래소에서 1990~2004년에 거래된 약 1,000개 종목의 주가를 조사했습니다.

그 결과 아마존이나 구글처럼 이름을 발음하기 쉬운 기업들의 주가가 헝가리의 통신 회사 '마자르 타브크즈레이시 레이스 베뉴타르샤샤그사' 같은 이름을 발음하기도, 기억하기 어려운 기업의 주가보다 점차 높아진다는 사실을 알아냈습니다.

이름을 발음해 봤을 때 '이 철자는 어떻게 읽어야 하지?' '어감이 좋지 않아' 등의 느낌을 받는다면 그 기업은 고객들에게 좋은 인상을 남길 수 없습니다. 투자자들도 비슷하게 느껴 그 기업의 주식을 그렇게 적극적으로 사려 하지 않겠지요. 기업명이 어렵다면 아무리 좋은 사업을 펼치더라도 주가가 잘 상승하지 않는다는 통계도 꽤 있습니다.

기업명은 그 회사의 성장에 아주 중요한 역할을 합니다. 이름이 좋지 않으면 기업의 앞날도 흐려지지요. 그러니 사업을 시작하려 한다면 발음하기 쉽고 누구나 바로 기억할 수 있는 이름을 고심해서 지어야 합니다.

'사업의 종류와 비전이 더 중요하지 이름은 관계없지 않나?'라고 생각한다면 이는 큰 오산입니다. 기업이 제공하는 서비스, 제품의 질, 방향성보다 회사 이름이 더 중요할 때도 있습니다.

55

성공하는 사람들이
직감을 따른다는 착각

♀♣　　　리더에게 필요한 능력은 다양하지만 그중 많은 강연과 책에서 일반적으로 강조하는 몇 가지를 꼽자면 통찰력과 결단력 등을 들 수 있습니다. 특히 CEO의 선택은 기업의 존폐를 가르기 때문에 더욱 중요합니다.

'뛰어난 경영자는 중대한 결정을 내려야 할 때 직감에 따라 행동한다'라는 말이 있습니다. 실제로도 이렇게 결정을 내릴까요? 급한 경우가 아니라면 관련 정보를 모으고 꼼꼼히 분석해 결정하는 편이 좋지 않을까 하는 의문이 듭니다.

이에 대해 프린스턴대학교의 교수이자 2002년 노벨경제학상을 수상한 심리학자 대니엘 카너먼은 상황에 따라 달리 판단해야 한다고 말했습니다.

그에 따르면 눈앞의 일이 과거에 겪은 수많은 사건과 비슷하다면 직감을 따라도 된다고 합니다. 화재 현장에서 돌입 여부를 판단해야 하는 소방관, 구체적인 수치를 바탕으로 자문하는 회계사나 보험 분석가라면 직감에 따라 결정하고 행동해도 괜찮다는 뜻이지요. 그들이 마주한 현재 상황이 과거와 유사할 가능성이 높기 때문입니다.

하지만 회사 경영은 다른 이야기입니다. 지금 상황이 과거에 겪은 상황과 비슷한 듯하면서도 깊이 들여다보면 다른 점이나 변수가 많기 때문입니다.

주식도 마찬가지입니다. 주식 투자를 직감에 따라 하려고 하면 대개 실패하기 마련이지요.

입시 면접관과 정신과 의사도 직감을 믿지 않는 편이 좋다고 합니다. 마찬가지로 현재와 과거 상황이 비슷해 보여도 다른 요인이 많기 때문입니다.

직관력은 차곡차곡 쌓은 경험에서 비롯합니다. 그런데 시간의 흐름에 따라 많은 변수를 고려해야 하는 일이라면 매번 살펴야 하는 요소가 달라지기 때문에 경험이 크게 도움이 되지 않습니다. 직감의 도움을 받을 수 없다는 뜻입니다.

감이 좋아 이에 따른다는 사람도 있겠지만 이것이 예외에 속한다는 점을 알아둬야 합니다. 실제로는 직감에 따랐다가 실패하는 경영자가 훨씬 더 많습니다. 그럼에도 책이나 잡지, 뉴스와 기사 등 미디어 매체에서는 성공하지 못한 사람의 사례를 잘 다루지 않습니다. 실패 사례는 그저 조용히 사라집니다. 당연히 잘 알려지지 않지요.

주식이나 비트코인 성공 사례 역시 마찬가지입니다. '나는 ○○로 큰돈을 벌었다'라는 이야기는 대중의 관심을 쉽게 모을 수 있어 많이 다뤄지지만 실패담은 사람들의 흥미를 끌지 못해 잘 알려지지 않습니다. 실제로는 손해 보는 사람이 훨씬 많은데도 말이지요.

그러니 어떤 이야기나 상황을 판단할 때는 성공 사례보다 실패 사례를 찾아 보고 염두에 둬야 합니다. 특히 대중매체는 사람들의 이목을 끌 만한 성공담을 주로 다루니 더욱 조심하기 바랍니다.

근거 없는 자신감은
화를 부를 뿐이다.

56

돈은 먼저 인사하는
사람에게 화답한다

❧❀　　여러분이 슈퍼마켓의 직원이고, 방금 전 매장에 들어온 고객이 제품이 어디에 있는지 찾지 못하는 상황이라고 가정해 보겠습니다. 고객이 상품 위치를 물으면 여러분은 친절히 안내해 줄 것입니다.

그런데 이 상점이 고객 만족도 조사 결과에 따라 성과급을 차등 지급하는 곳이라면 어떻게 해야 같은 서비스를 제공해도 더 높은 평가를 받을 수 있을까요?

고객을 직접 응대해야 하는 분들이 알아두면 좋을 심리 기술이 있습니다. 바로 자기소개입니다. 정확히 말하면 굳이 이름을 밝힐 필요가 없을 때도 이름을 말해야 한다는 것입니다.

이름과 직함이 적힌 명찰을 착용하고 있더라도 고객을 응대할 때 "안녕하세요, ○○라고 합니다" 하고 가볍게 인사하면 주변의 관심은 물론 호감을 얻기도 쉽습니다.

서던캘리포니아대학교의 킴벌리 개리티는 한 식당에서 22세 여자 점원에게 부탁해 재미있는 실험을 진행했습니다. 점원은 개리티의 요청에 따라 어떤 손님에게는 "저는 ○○라고 합니다. 오늘은 제가 담당하겠습니다" 하며 이름을 밝혔고, 또 어떤 손님에게는 "오늘은 제가 담당하겠습니다"라고만 말했습니다.

사실 뷔페형 식당이었기에 점원이 "제가 담당합니다"라고 해도 다른 특별한 서비스를 제공하지는 않았습니다. 차이가 있다면 자기소개 여부뿐이었지요.

그런데 고객들의 반응은 달랐습니다. 자기소개를 했을 때는 23.4퍼센트의 손님이 점원에게 팁을 제공했고, 자기소개를 하지 않았을 때는 15퍼센트만이 팁을 준 것입니다. 팁의 금액도 자기소개를 했을 때는 평균 5.44달러, 자기소개를 하지 않았을 때는 3.49달러로 약 2달러나 차이가 났습니다.

자기소개 여부만으로 고객의 느끼는 서비스 만족도가 달라진다고 볼 수 있겠지요. 그러니 이름을 말해도 되고 하지 않아도 되는 상황이라면 일단 말해두는 편이 좋습니다. 아니, 말해야 합니다. 헛된 노력으로만 남지 않을 테니 말입니다.

회사에 방문한 고객을 안내하는 업무를 맡았다면 "이쪽입니다" 하고 앞서서 걸어가기보다 "저는 ○○라고 합니다. 안내해드리겠습니다" 하고 이름을 말하면 고객에게 회사와 여러분에 대한 좋은 인상을 남길 수 있습니다. 그 고객과 직접적으로 일을 하는 사이가 아니더라도 말이지요.

편의점이나 마트 계산원도 손님들에게 "○○라고 합니다. 잘부탁드립니다" 하고 가볍게 인사하면 가게를 애용하는 고객이 늘어날 것입니다.

재물도 모르는 사람보다
아는 사람을 따라간다.

57

산꼭대기에서
음료수를 파는 이유

🌱🌷　창업 계획이 있다면 꼭 알아야 할 사람들의 기본적인 심리 법칙이 있습니다. 바로 사람들이 물건을 사는 이유는 보통 그 물건이 필요하기 때문이라는 점입니다.

음료 가게를 창업한다고 생각해 보겠습니다. 사람들이 마실 것을 가장 필요로 하는 장소는 어디일까요? 아마 사막 한가운데가 아닐까요? 이곳에서라면 물 한 잔을 1,000만 원에 팔아도 사람들이 사 마실 테니 말입니다.

하지만 이는 몽상에 가까운 가정이니 조금 더 현실적인 이야기를 해보겠습니다. 사막이 안 된다면 긴 비탈길을 따라 올라가야 하는 산꼭대기나 높은 언덕 위는 어떨까요? 그곳까지 오른 사람들은 그만큼 오래 걸어 땀을 흘렸을 테니 목이 마를 것이고, 갈증을 해소하며 한숨 돌리고 싶어 할 것입니다. 그때 '차가운 음료 있어요'라고 적힌 간판을 발견하면 무조건 다가가겠지요.

우리 일상에서도 마찬가지입니다. 목이 마르지 않을 때면 아무리 카페나 편의점, 음료 자판기 등이 즐비해 있어도 제 갈 길을 갑니다. 반대로 목이 마르면 갈증을 해소해 줄 가게의 간판을 애타게 찾고 눈에 띄면 즉시 들어가지요.

심리학에서는 이런 현상을 선택적 지각이라고 부릅니다. 쉽게 말하면 우리 뇌가 우리에게 필요한 것에만 주의를 기울인다는 뜻입니다.

네덜란드 위트레흐트대학교의 헨크 아츠는 재밌는 실험을 진행했습니다. 그는 참여자들을 둘로 나누고 한쪽에는 짜지만 은은하게 단맛이 나는 과자를 먹게 하고 다른 쪽에는 과자를 주지 않았습니다. 그런 다음 한 명씩 인터뷰실로 불러 "편안하게 휴식을 취하고 싶을 때 무엇을 하시나요?" 등 간단한 질문을 던졌지요.

사실 진짜 실험은 인터뷰가 끝난 뒤에 시작됐습니다. 그는 답변을 마치고 나온 참여자들에게 인터뷰실에 있던 물건을 생각나는 대로 말해보라고 요청했습니다. 그러자 과자를 먹지 않은 사람들은 주로 책상, 의자, 컴퓨터 등이 기억난다고 대답했고 과자를 먹은 사람들은 유리컵, 페트병, 탄산음료 캔 등이 떠오른다고 답변했습니다.

비교해 보니 과자를 먹은 쪽에서 먹지 않은 쪽보다 두 배나 더 많이 음료와 관련된 물건을 답변했다는 사실을 알 수 있었습니다. 짠 과자를 먹은 사람들은 목이 말라 인터뷰 중에도 음료와 관련된 물건을 주의해서 본 것입니다.

창업을 구상 중이라면, 또는 현재 운영하는 매장의 매출을 늘리고 싶다면 고객의 생리적인 욕구도 충분히 고려해야 합니다. 사람은 필요한 물건을 우선적으로 구매합니다. 그러니 고객이 그 물건을 원할 만한 장소, 그 물건이 잘 팔릴 만한 장소에서 사업을 시작해 보면 어떨까요?

58

모르는 맛보다
아는 맛이 무섭다

제품 매대에 '눈으로만 보세요'라고 적힌 안내문을 붙여둔 상점들이 있습니다. 파손이나 오염을 방지하기 위한 조치였겠지만 심리학 관점에서 봤을 때 이 방식은 매출 증대에 크게 도움이 되지 않습니다. 오히려 고객에게 상품을 만져보도록 권하는 편이 훨씬 좋지요. 직접 만져봐야 제품에 대한 고객들의 호감도가 올라가기 때문입니다.

저는 온갖 종류의 제품을 직접 만져본 뒤 살 수 있는 플리 마켓을 좋아합니다. 이것저것 만지고 살피다 보면 구매할 생각이 없다가도 가지고 싶어집니다. 그렇게 산 물품이 꽤 있지요. 의류 매장에는 옷을 갈아입을 수 있는 피팅룸이 있습니다. 점원들도 마음에 드는 제품은 착용해 보라고 권하는데, 고객들이 직접 입어볼 때 더 많이 구매하기 때문입니다.

　미국 위스콘신대학교의 조앤 펙은 실험 참여자들을 둘로 나눠 한쪽에는 1분 동안 머그잔을 원하는 만큼 만지도록, 다른 참여자들에게는 머그잔을 그냥 보기만 하도록 요청했습니다. 그런 다음 "이 머그잔에 몇 달러의 가치가 있다고 생각하시나요?"라고 물었는데, 머그잔을 만진 쪽에서 만지지 않은 쪽보다 더 높은 가격을 불렀다고 합니다. 만져보기만 했을 뿐인데 상품의 가치가 바뀐 것입니다.

　달리 말하면 상품을 못 만지게 하면 높은 매출을 올릴 수 없다는 뜻입니다. 파손이나 오염이 우려된다고 해도 말이지요.
　이 원리는 채소와 과일부터 가전제품과 의류까지, 갓 만든 빵 등 요리된 음식을 제외한 거의 모든 제품에 적용할 수 있습니다. 만약 잘 부서지고 더러워지기 쉬운 제품이라면 이동식 매대를 따로 준비해 견본을 진열하고 '여기 있는 상품은 마음껏 만져보셔도 됩니다'라고 써붙이면 됩니다. 이미 화장품 가게와 서점, 문구점 등에서는 이런 방식을 취하고 있습니다.

아무래도 촉감을 느끼는 행위에는 신기한 효과가 있는 모양입니다. 그러니 여러분이 서비스를 제공하는 입장이라면 고객에게 체험해 볼 것을 적극적으로 권하면 어떨까요? 고객의 구매 욕구가 높아져 매출 상승에 도움이 될 테니 말입니다.

59

지갑이 저절로
열리는 냄새들

❧❧　　퇴근길 지하철역 안에서 풍기는 달콤한 간식 냄새에 자기도 모르게 시선을 돌렸던 적이 있지 않나요? 그런데 막상 사 먹어보니 맛이 냄새를 따라오지 못해 실망한 경험도 한 번쯤은 있을 것입니다. 음식 구매에 냄새가 얼마나 중요한 역할을 하는지 알 수 있는 대목이지요.

그렇다면 음식이 아닌 다른 제품은 어떨까요? 책이나 필기구, 엽서 등 일반 제품을 살 때도 냄새가 판매에 영향을 미칠까요? 그렇습니다. 심리학 연구에 따르면 좋은 향이 나지 않을 때보다 좋은 향이 날 때 구매 의욕을 더욱 자극한다고 합니다. 앞서 사람들이 물건을 만져보고 나서 구매를 결정하는 경우가 많다고 했는데, 냄새를 맡은 뒤에도 비슷하다는 뜻이지요.

미국 콜게이트대학교의 도널드 레어드는 뉴욕의 주부 250명을 상대로 한 가지 실험을 했습니다. 상자 네 개에 똑같은 스타킹을 하나씩 넣은 다음 마음에 드는 스타킹을 골라보라고 한 것입니다. 다만 이때 상자 세 개에 특정 향을 묻히고 하나에는 어떤 향도 묻히지 않았습니다.

그 결과 참여자의 18퍼센트는 향낭 향, 24퍼센트는 과일 향, 50퍼센트는 수선화 향이 나는 상자에 든 스타킹을 골랐습니다. 향이 나지 않는 상자 든 스타킹을 고른 비율은 고작 8퍼센트에 불과했지요.

실험에 따르면 참여자들이 가장 선호하는 향은 꽃향기고, 다음으로 과일 향을 좋아한다는 사실을 알 수 있습니다. 이를 참고한다면 상품에 꽃이나 과일 향을 첨가하면 좋지 않을까요? 지역과 문화에 따라 인기 있는 향이 달라질 수도 있으니 다양하게 실험해 봐야겠지만 말입니다.

이 실험에서 무엇보다 흥미로운 점은 참여자들에게 해당 제품을 고른 이유를 물어보면 모두 좋은 향이 났기 때문이 아니라 "감촉이 좋아서요" 등의 다른 이유로 답변했다는 것입니다. 모두 똑같은 제품이었는데도 말이지요. 자기도 모르는 사이에 향기에 영향을 받았지만 이를 자각하지 못한 셈입니다.

최근에는 휴대가 간편한 전자책을 선호하는 사람이 많아졌습니다. 종이책은 무겁고 크지만 전자책은 태블릿에 저장만 해두면 수만 권을 어디에서나 편하게 읽을 수 있지요.

물론 종이책을 선호하는 사람도 여전히 많습니다. 추측건대 책장을 넘길 때 나는 종이 향을 좋아해서가 아닐까요? 아마 그런 독자라면 전자책은 무미건조하다고 느낄 것입니다. 독서의 기본적인 목적이 지식을 습득하고 마음의 양식을 쌓는 것이라지만 종이나 잉크의 독특한 향은 종이책에서만 느낄 수 있으니 말이지요.

60

분위기에 취하면
돈 나가는지 모른다

❦❦　　직접 제품을 만지는 촉각과 좋은 향을 맡는 후각 외에도 우리의 상품 구매에 영향을 미치는 감각이 있습니다. 바로 소리, 즉 청각이지요.

　구체적으로는 어떤 음악을 듣느냐에 따라 사람들의 소비 양상이 달라진다고 합니다. 매장에서 흘러나오는 배경음악에 따라 고객들이 더 저렴하거나 비싼 제품을 구매한다는 것이지요. 그렇다면 사람들은 어떤 음악을 들었을 때 구매 욕구가 높아질까요? 심리학 연구에 따르면 바로 클래식 음악이라고 합니다.

텍사스공과대학교의 찰스 아레니는 실험을 통해 배경음악 종류에 따른 매출의 상관관계를 조사했습니다. 한 와인 가게의 협조를 구해 매장의 배경음악을 하루는 클래식 음악을 틀었다면 다른 날에는 빌보드 인기곡을 트는 식으로 매일 바꾼 것입니다. 참고로 이때 사용한 클래식 음악은 음반 상점에서 쉽게 구할 수 있는 CD에 담긴 모차르트 컬렉션과 멘델스존 피아노 협주곡 등이었다고 합니다.

3개월 동안 배경음악에 따른 고객들의 소비 금액과 매장 내 체류 시간을 기록하니 다음과 같은 결과가 나왔습니다.

	클래식곡	빌보드 순위곡
구매 금액	7.43달러	2.18달러
체류 시간	11.01분	8.97분

출처: Areni, C.S., & Kim, D., 1993

고객들이 빌보드 순위곡을 들었을 때보다 클래식 음악을 들었을 때 세 배 이상 지출했다는 사실을 알 수 있습니다.

이런 결과가 나온 이유는 바로 클래식 음악이 가진 고급스러운 이미지 때문입니다. 사람들은 클래식 음악을 들을 때면 웅장한 오케스트라와 고가의 악기, 장인 정신을 가진 지휘자와 연주자, 이에 걸맞는 고풍스러운 공연장과 교양을 갖춘 관객의 모습을 떠올리곤 합니다. 즉 무의식적으로 클래식 음악의 분위기에 맞게 행동해야 한다고 느껴 상대적으로 가격이 높은 상품을 선택하게 되는 것이지요.

만약 식당이나 카페를 운영하고 있다면 매장에 클래식 음악을 틀어보면 어떨까요? 품격 있고 고급스러운 분위기에 손님들이 다소 비싼 메뉴를 선택할 것입니다.

음악은 닫힌 마음을 여는
마법의 주문이다.

61

더 자세히 보면
더 많이 사게 된다

🌼🌼　　　촉각과 후각, 청각이 나왔으니 다음 순서는 어렵지 않게 짐작할 수 있을 것입니다. 이번에는 바로 시각적 효과로 매출을 끌어올릴 수 있는 간단한 방법을 소개하려 합니다.

　사람이라면 어둡고 음침한 진열대에 놓인 상품보다 밝은 곳에 놓인 제품을 집고 싶어 합니다. 즉 조명을 이용하면 사람들의 시선을 끌 수 있지요.

　미국 루이지애나주립대학교의 테라사 서머스는 조명 유무

에 따른 의류 판매량 변화를 알아보기 위해 실험을 진행했습니다.

먼저 그는 의류 매장 두 곳의 협조를 받아 쇼윈도우 앞에 진열한 옷에 한 번은 조명을 비추고 다른 한 번은 조명을 꺼달라고 요청했습니다. 그런 다음 매장에 설치된 CCTV 녹화본을 보며 매장에 방문한 2,367명의 행동을 분석했지요.

고객들은 조명을 비출 때 제품을 약 두 배 가량 더 많이 만졌습니다. 옷 앞에 멈춰 서서 바라보는 시간은 물론 구매량도 조명을 켰을 때 더 증가했습니다. 빛으로 강조한 상품 앞에 멈춰 서서 구매 여부를 결정한 것입니다.

미술관이나 박물관에서도 비슷한 현상이 자주 일어납니다. 관람을 하다 보면 유독 많은 사람이 모여 있는 곳이 있습니다. 유명한 예술가의 작품인가 싶어 가보면 단지 조명을 강하게 비추니 사람들이 무심코 멈춰 선 것이었죠.

최근에는 에너지 절약이나 환경 보호 측면에서 조명을 비추지 않거나 밝기를 줄이는 가게도 있는데, 고객 심리를 고려하면 그다지 바람직한 방법이 아니라고 할 수 있습니다. 매장이 어두우면 고객의 구매 욕구가 떨어지기 때문입니다.

조명의 밝기를 높이면 전기 요금이 늘겠지만 매출은 그 이상으로 상승합니다. 친환경과 에너지 절약을 모토로 한 매장이라면 모를까 그렇지 않다면 매장을 너무 어둡지 않게 유지하는 편이 좋습니다.

특히 고가의 상품을 취급하는 백화점에서는 조명을 쓰지 않거나 줄이면 바로 매출이 떨어집니다. 고급 브랜드의 제품들은 빛을 받았을 때 더욱 특별해 보이는 소재로 만들어진 경우가 많습니다. 그런 제품에 빛을 비추지 않으면 매력이 훨씬 반감되고, 자연히 고객들의 구매 욕구도 떨어지는 것이지요.

마트나 백화점, 서점 등 대부분의 상점에서는 출입구 근처에 놓인 상품일수록 고객들이 많이 집어 든다고 합니다. 햇빛이 가장 많이 비치는 곳이기 때문이지요.

그러니 가게 구조를 설계할 때는 창문을 많이 만들거나 매장 안에 자연광이 비추도록 한쪽 벽을 통유리로 인테리어해 보면 어떨까요? 조명비는 줄어들고 매출은 늘어날 수 있도록 말입니다.

"

어떻게 해야
인생의 스트레스가 술술 풀릴까?

"

62

건강한 몸은
건강한 마음을 먹고 자란다

🌷🌸 　　 과학기술의 발전으로 인간의 기대 수명은 점점 늘었습니다. 지금은 흔히 100세 시대라고들 하지요. 정년퇴직을 해도 앞으로 약 40년을 더 살아야 하니 다들 건강하게 살고 싶어 하는 것도 당연합니다.

운동과 식단, 취미 활동 등 건강하고 활기찬 삶을 이루기 위한 많은 방법이 있습니다. 그중 무엇보다 중요한 것은 바로 마음가짐입니다. '나는 젊고 건강하다'라는 믿음을 가져야 한다는 뜻이지요.

프랑스 몽펠리에대학교의 심리학자 야닉 스테판은 사람들의 건강에 대한 믿음과 질병 발생률의 상관관계를 알아보기 위해 1995~1996년과 2004~2005년의 미국 전역 〈중장년층 생활 조사〉, 2008~2012년의 〈건강 및 퇴직 연구〉, 2011~2013년의 〈건강과 노화 경향 조사〉를 분석했습니다. 참고로 이 세 가지 통계를 바탕으로 한 이유는 표본집단이 각각 3,209명, 3,779명, 3,418명이나 되는 신뢰도 높은 대규모 조사였기 때문입니다.

분석 결과 스테판은 세 가지 통계 모두에서 스스로 자신의 실제 연령보다 젊다고 생각하는 사람일수록 질병에 걸리지 않는다는 사실을 밝혔습니다.

건강의 핵심은 스스로 젊다고 생각하는 것입니다. 이런 믿음에 도움이 되는 몇 가지 팁을 제시하자면, 첫째는 노화의 흔적이 잘 드러나는 부분을 가리는 것입니다. 만약 거울을 볼 때마다 하얗게 센 머리카락이 비친다면 어떤 생각이 들까요? 세월의 흐름이 크게 느껴질 것입니다.

하버드대학교의 로라 수는 흰 머리카락이 난 평균 나이 42.7세의 여성 47명에게 염색을 시킨 뒤 감상을 물었습니다. 염색 전

후 참여자들의 혈압도 비교했는데, 47명 중 46명이 젊어 보인다고 대답했으며 그들의 혈압이 염색 전보다 낮아진 것을 확인했습니다. 더 젊고 건강하게 생활하고 싶다면 염색도 한 가지 방법일 것입니다.

두 번째는 세련된 옷, 직설적으로 말하자면 젊어 보이는 옷을 걸치는 것입니다. 그런 복장을 하면 심리적으로도 젊어진 기분이 들기 때문입니다. 참, 그렇다고 수십 년이나 어려 보이는 옷을 입으면 주변의 눈총을 받을 수 있으니 실제보다 다섯 살 정도 젊어 보이는 복장이면 적당할 것입니다.

나이 듦은 자연스러운 현상입니다. 하지만 이 때문에 우울하거나 기분이 좋지 않다면 스스로 젊다고 생각해 보기 바랍니다. 늙고 볼품없어졌다고 생각하면 정말 빨리 늙고 건강도 나빠집니다. 반면 아직 기력이 넘친다고 믿으면 체력이 좋아지고 건강해질 것입니다.

청춘의 열정을 가진 사람은
언제나 청춘이다.

63

우리를 병들게 하는
잘못된 편견들

❦❀　비가 내리면 무릎이 쑤신다고 생각하는 사람들은 정말 비가 내릴 때마다 무릎의 통증을 느낍니다. 매년 특정 계절에 감기에 걸려 고생한다고 생각하는 사람은 어김없이 그렇게 되지요.

이런 현상이 나타나는 이유는 우리 몸의 건강이 마음의 건강과 연동돼 있기 때문입니다. 앞서 믿음이 우리 삶에 얼마나 강력하게 작용하는지 여러 번 언급했는데 건강에서도 마찬가지입니다. 건강 역시 믿음을 따라간다는 뜻이지요. 즉 건강하고 싶다면 스스로 아프지 않고 건강할 것이라는 긍정적인 믿음을 가져야 합니다.

부정적으로 믿는다 해도 치료하기 쉬운 감기나 근육통 정도는 건강에 심각한 영향을 주지 않을 것입니다. 그런데 큰 병이나 죽음에 대해 잘못된 믿음을 가지면 최악의 경우 목숨을 잃을 수도 있습니다.

캘리포니아대학교 샌디에이고 캠퍼스의 데이비드 필립스는 일본인과 중국인이 숫자 4를 꺼리고 싫어하는 이유를 분석했습니다. 그러면서 1973년 1월 1일부터 1998년 12월 31일까지의 통계를 기반으로 4가 들어간 날짜에 미국 내 동양인과 서양인이 사망한 비율을 비교했지요.

표본 집단은 일본인과 중국인 약 20만 명, 서양인 약 4,700만 명이었는데, 분석 결과 일본인과 중국인이 서양인에 비해 4일, 14일, 24일에 심장 관련 질환으로 더 많이 사망한 것으로 나타났습니다. 특히 이 세 날짜에 일본인과 중국인의 심부전으로 인한 사망률은 13퍼센트나 높았습니다. 캘리포니아주만 해도 27퍼센트나 높은 수치가 나올 정도였지요. 반면 숫자 4가 불길하다는 일본과 중국의 미신을 모르는 서양인들은 이에 영향을 받지 않았습니다.

한두 명이 아닌 대량 표본에서 나타난 결과인 만큼 믿음의 힘이 죽음을 불러올 만큼 강하다고 볼 수 있지 않을까요?

록의 황제로 불린 가수 엘비스 프레슬리는 어머니를 무척 잘 따랐다고 합니다. 그의 어머니는 46세라는 젊은 나이에 세상을 떠났는데, 이 영향 때문인지 프레슬리도 '나는 빨리 죽을 거야'라고 생각하며 두려워했다고 하지요. 실제로 프레슬리도 42세라는 이른 나이에 심장 발작으로 세상을 등졌습니다.

40대에 죽음을 맞이했다는 점도, 사망 원인도 그의 어머니와 비슷해 보입니다. 만약 프레슬리가 스스로 일찍 죽을 것이라고 믿지지 않았다면 더 오래 우리 곁에서 좋은 음악을 들려주지 않았을까 하는 아쉬움이 남습니다.

만약 여러분도 주변의 사망 소식에 '나도 그렇게 되면 어쩌지?' 하는 생각이 떠오른다면 떨쳐버리기 바랍니다. 일이 생각한 대로, 믿은 대로 흘러가는 경우는 정말 흔하니 말입니다.

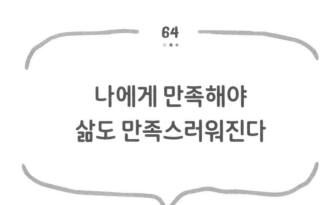

64

나에게 만족해야
삶도 만족스러워진다

여러분에게 가장 소중한 사람은 누구인가요? 이 질문을 들었을 때 가족과 연인, 친구 등 여러 얼굴이 떠올랐을 것입니다.

저는 세상에서 가장 소중히 여기고 사랑해야 할 사람이 있다면 그 대상은 바로 우리 자신이라고 말하고 싶습니다. 그렇지 않으면 삶이 무기력해지고 우울해지기 때문입니다. 스스로 '나는 쓸모없는 사람이야' '나는 쓰레기야'라고 생각하는데 어떻게 행복해질 수 있을까요? 이런 잘못된 믿음을 가지면 마음은 쉽게 병들고 몸의 건강 또한 나빠지기 마련입니다.

　우리는 나를 믿고 존중하는 마음, 즉 자아존중감을 길러야 합니다. 줄여서 자존감이라고도 부르는 이 믿음은 어떻게 해야 쑥쑥 자랄까요? 여러 심리 연구에 따르면 다이어트, 즉 체중 관리가 자존감을 높이는 대표적인 방법이라고 합니다.

　미국 버몬트대학교의 캐롤 밀러는 체중이 자존감에 미치는 영향을 분석한 다양한 연구 중 71개를 메타 분석한 결과, 몸무게가 무거워질수록 자존감이 낮아지는 뚜렷한 경향이 나타났다고 밝혔습니다.

　남성이든 여성이든 중장년에 접어들면 대체로 자존감이 떨어집니다. 체중이 늘고 군살이 붙은 자기 모습이 더 이상 만족스럽지 않기 때문입니다.

　젊을 때는 폭식이나 폭음을 해도 조금만 움직이면 금방 체중이 원래대로 돌아갑니다. 그런데 나이가 들면 기초대사량이 낮아지고 운동 신경도 무뎌져 체중 관리가 힘들어지지요. 점점 몸 이곳저곳에 군살이 붙고, 이에 반비례해 자존감이 떨어져 나갑니다.

물론 중장년이 돼서도 자존감이 크게 떨어지지 않은 사람들도 있습니다. 살펴보면 대부분 식사에 신경 쓰고 운동을 게을리하지 않아 체형 변화가 크지 않은 경우가 대부분입니다. 즉 비만이 되지 않도록 젊을 때부터 꾸준히 체중 조절을 했기 때문에 자존감이 크게 떨어지지 않은 것이지요.

　좋아하는 음식을 원하는 만큼 먹으면 당연히 체중도 늘어납니다. 있는 그대로의 나를 사랑할 수 있다면 좋겠지만 안타깝게도 많은 사람이 비만이 된 자신의 모습에 자존감과 자신감을 잃어버립니다. 머리로는 스스로를 사랑해야 한다고 생각하지만 거울에 비친 모습을 보면 실망하는 것입니다.

　그러니 스스로를 존중하고 사랑하고 싶다면, 매일 활기차게 생활하고 싶다면 다이어트를 해보기 바랍니다. 식사량을 조절하고 운동하는 습관도 들이는 것이지요. 특히 운동을 시작하면 힘도 생기고 자신감도 자라니 일석이조입니다.

　지금보다 더 체중이 늘어나기 않게 주의하기만 해도 좋습니다. 거울에 불만족스럽지 않은 내 모습이 비쳐야 스스로에게 애정을 쏟기 더 쉬울 테니 말입니다.

65

절대 과식할 수 없는
식사법

세상에는 많은 다이어트 방법이 있고 심지어 매년 유행이 바뀌기까지 합니다. 한 가지 과일이나 선식만 섭취하는 원 푸드 다이어트부터 당지수가 낮은 음식을 먹는 저인슐린 다이어트까지 셀 수 없이 많은 식이요법이 있지요.

달리 말하면 사람들이 그만큼 체중을 줄이는 데 관심이 있다는 뜻입니다. 각종 질병 예방 또는 치료를 위해 꾸준한 다이어트가 필수라는 것을 알기 때문입니다.

이번에는 심리학에 기반한 아주 간단한 다이어트 방법을 소개하겠습니다. 먹고 싶은 음식을 피해야 하는 가혹한 방식이 아닌 쉬운 방법이니 두려워 말고 시도해 보기 바랍니다.

핵심은 밥그릇과 수저 등 식기의 크기에 있습니다. 더 자세히 설명하면 평소에 사용하는 밥그릇과 접시를 지금보다 작은 것으로 교체해야 한다는 것이지요. 식기를 바꿨다면 해야 할 일은 끝입니다. 이제 자연스럽게 체중이 줄기를 기다리면 됩니다.

펜실베이니아대학교의 앤드루 가이어는 실험 참여자들 앞에 초콜릿 볼을 잔뜩 담은 그릇을 놓았습니다. 그런 다음 한쪽에 작은 숟가락과 이보다 네 배 큰 숟가락을 두고 '마음껏 드세요'라고 써붙이고 참여자들이 각각의 숟가락으로 초콜릿 볼을 먹는 속도와 먹는 양을 살폈습니다. 그러자 당연하게도 큰 숟가락으로 마음껏 먹을 때는 초콜릿 볼이 두 배나 빨리 줄어들었지요.

큰 숟가락이나 큰 그릇으로 식사를 하면 담는 음식의 양도 늘어나 자연히 과식하게 될 수밖에 없습니다. 반대로 작은 식기를 사용하면 무의식적으로 먹는 양을 줄일 수 있지요.

다이어트에 성공하려면 가능한 한 오래 지속해야 합니다. 꾸준한 운동과 고열량 음식 제한이 힘든 이유지요. 반면 밥그릇과 국그릇, 숟가락은 바로 손쉽게 바꿀 수 있습니다.

물론 한번에 너무 작은 그릇으로 바꾸라는 말은 아닙니다. 갑자기 먹는 양이 줄어들면 허기를 다른 간식으로 채우려 할 수 있으니 몸이 익숙해질 때까지 몇 개월에 걸쳐 조금씩 작은 식기로 바꾸면 됩니다.

미국인은 비만과 씨름 중입니다. 통계에 따르면 비만이 국민의 31.9퍼센트, 과체중이 35.2퍼센트, 표준은 31퍼센트이며 저체중은 겨우 1.8퍼센트에 불과하다고 합니다.

미국의 비만과 과체중 비율이 현저히 높은 이유는 음식이 클뿐만 아니라 양도 상당하기 때문입니다. 냉정하게 말하면 그만한 양을 매일은 아니더라도 일상적으로 먹으니 싫어도 조금씩 체중이 불어나는 게 아닐까 싶습니다.

그러니 큰 힘을 들이지 않고 다이어트를 이어나가고 싶다면 우선 식기의 크기부터 바꿔보면 어떨까요?

먹는 데 순서가 있듯
빼는 데도 순서가 있다.

66

혼자 먹는 밥이
맛없게 느껴질 때

우리는 매일 식사를 하지만 매번 산해진미로 만든 맛있는 요리만 먹을 수는 없습니다. 경제적으로나 시간적으로나 부담이 되기 때문입니다.

보통 평소에는 냉장고에 보관하던 재료로 간단히 요리해 먹거나 한 번에 많은 양을 만들어 소분해 며칠씩 먹습니다. 그런데 식단이 단조로워지면 점차 입맛도 떨어집니다. 식사를 제때 먹지 않거나 배달 음식을 시키면서 건강도 안 좋아지기 십상이지요. 특히 요즘은 1인 가정이 늘어나면서 이런 식습관으로 건강이 악화된 사람이 많습니다.

그렇다면 혼자서도 맛있고 건강한 식사할 수는 없을까요? 좋은 재료나 조미료를 쓰지 않아도 밥맛이 더 좋아지는 방법이 있다고 합니다. 바로 음식을 집을 때 긴 젓가락을 사용하는 것입니다.

대만 밍신과학기술대학교의 훈밍 린은 '젓가락 길이가 맛에 영향을 미칠까?'라는 의문을 가졌습니다. 린은 23센티미터와 19센티미터의 젓가락을 준비해 사람들에게 각각의 젓가락으로 밥을 먹어달라고 했습니다. 그런 다음 최대 5점으로 맛을 평가해 달라고 하니 다음과 같은 결과가 나왔습니다.

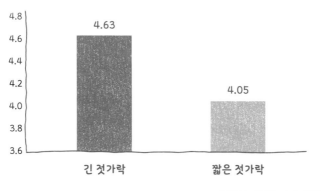

출처: Lin, H. M., et al., 2015

젓가락 길이 외에는 사용한 쌀의 양과 품질은 물론 밥을 지은 밥솥도 모두 같았습니다. 단 하나, 젓가락만 달리했는데 정말 신기하게도 밥 맛을 다르게 느낀 것입니다.

그러니 식사할 때는 가능한 한 긴 젓가락으로 음식을 집어보면 어떨까요? 그것만으로도 밥 맛이 훨씬 좋아지니 말입니다.

참, 고급 접시와 잔에 음식과 술을 담아 먹고 마시면 맛을 더 좋게 느낀다는 연구도 있는데, 고작 젓가락 하나로 비슷한 효과를 누릴 수 있으니 이쪽이 더 효과적이지 않을까 싶습니다.

67

스트레스를 씻어내는
식사 후 루틴

현대인의 정신건강 문제는 이미 전 세계가 주목하는 주제입니다. 세계보건기구는 물론 여러 국가에서 수시로 국민의 정신건강 관련 통계를 발표하지요. 한국 역시 전담 행정 부서와 기관에서 매년 〈정신건강실태조사〉를 실시해 국민의 정신건강 상태를 살피고 대책 마련에 힘쓰고 있습니다.

문제는 그럼에도 정신질환을 호소하는 사람이 좀처럼 줄지 않는다는 점입니다. 특히 한국의 경우 성인 네 명 중 한 명은 일생 동안 정신질환을 겪는다는 통계 결과도 나왔다고 하지요.

만약 이유 모를 짜증과 울적함, 급작스러운 편두통과 어떤 일에도 집중할 수 없을 정도의 무기력함이 찾아온다면 정신건 강에 적신호가 들어왔다는 뜻일지도 모릅니다.

부정적인 감정에 휩싸였을 때 큰 수고를 들이지 않고 효과를 볼 수 있는 방법이 있으니, 바로 설거지를 하면 긍정적인 감정 이 솟아난다고 합니다.

미국 플로리다주립대학교의 아담 핸리는 연구를 통해 설거 지를 하면 집중력과 활력, 의지력과 긍정적인 마음이 커지고 반대로 분노와 짜증이 감소한다는 연구 결과를 발표했습니다.

사람들은 보통 물에 접시나 컵 등을 씻으며 떨어뜨리지 않게 주의하는데, 적어도 여기에 집중하는 동안에는 머릿속 쓸데없 는 고민거리가 말끔히 날아가 기분이 상쾌해진다는 것입니다.

최근 '마음 챙김'이라는 심리 치료법이 인기를 얻으면서 잘 알 려졌습니다. 간단히 설명하면 '지금, 여기'에만 집중하는 심리 훈 련으로 불교의 명상 수행과 심리학이 결합한 치료법이지요. 다 만 마음 챙김은 평소 명상을 즐기지 않았다면 금방 잡생각이 떠올라 익숙해지기까지 시간이 소요되는 훈련입니다.

반면 설거지는 비슷한 효과를 누릴 수 있으면서 일상에서 누구나 해볼 수 있습니다. 그러니 복잡한 머릿속을 빠르게 환기하고 싶다면 부엌으로 가 설거지를 해보면 어떨까요?

영국의 추리소설 작가 애거사 크리스티도 설거지하는 것을 매우 좋아했다고 합니다. 설거지를 하면 접시도 머릿속도 말끔해지기 때문이 아니었을까요?

요즘에는 식기세척기를 사용하는 가정도 늘었는데, 그렇다 해도 간단한 설거지는 직접 해보기를 추천합니다. 특히 혼자 살고 있다면 설거지거리도 많지 않을 테니 더 손쉬울 것입니다.

같은 효과를 볼 수 있는 다른 청소를 해도 좋습니다. 욕실이든 거실이든 방이든 청소하는 동안에는 아무 생각이 들지 않을 테니 말이지요. 일단 치우기 시작하면 기분도 집안도 상쾌해지니 일석이조일 것입니다.

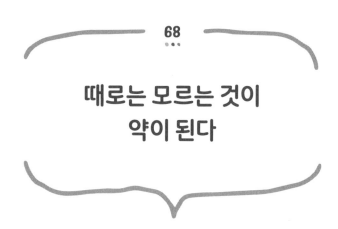

68

때로는 모르는 것이
약이 된다

❦❦   음식이든 영양제든 뭔가를 섭취하려 할 때마다 이러 저러한 이유로 먹으면 안 된다고 말하는 사람들이 있습니다. 이들은 대개 건강 서적도 깜짝 놀랄 정도로 많이 읽습니다. 영양사 뺨치는 식단 지식과 의사 못지않은 의료 지식을 뽐내기도 하지요. 다만 요즘에는 그 정도가 지나칠 경우, 그런 사람들을 두고 건강 염려증이 있다고 부르는 모양입니다.

여기서 한 가지 의문이 듭니다. 건강을 따지며 이것저것 가려 먹는 사람들은 과연 행복할까요? 개인적으로는 관련 정보와 부작용에 관한 글을 너무 자주 접해 오히려 불안하지 않을까 싶습니다.

의대생증후군이라는 심리 현상이 있습니다. 주로 의대생들에게 나타나는 증상으로 인턴증후군이라고 부르기도 하지요. 의대생들은 여러 질병과 증상을 공부합니다. 그런데 지나치게 몰두해서일까요? 자신 또는 타인에게 어떤 증상이 나타나면 자신이 공부한 그 질병에 걸렸다고 착각하곤 합니다.

사우디아라비아 타이프대학교의 사미야 알타가피도 의대생 195명과 다른 과 학부생 200명을 비교 분석한 결과 의대생이 당뇨병과 고혈압, 암 등을 더 두려워한다고 밝히기도 했습니다.

건강을 지나치게 걱정하는 사람들에게도 비슷한 현상이 나타나지 않을까요? '과한 것은 모자란 것만 못 하다'는 선인들의 말처럼 지나친 염려는 독이 된다고 생각합니다.

최근 전 세계적으로 많은 심리학 도서가 베스트셀러가 되면서 심리학에 대한 대중이 관심이 커졌습니다. 저는 심리학자로서 이런 현상이 기쁘면서도 한편으로는 염려스럽습니다. 사람들이 일부 증상만 듣고 스스로 '나도 이런 정신 질환이 있는 거 아냐?'하고 넘겨짚을 가능성이 있기 때문입니다.

때로는 모르는 게 약일 수도 있습니다. 건강을 신경 쓰고 챙기는 것은 분명 바람직한 일이지만 과한 것은 부족한 것만 못하다 했습니다. 지나치면 오히려 건강이 나빠지기도 하지요.

운동을 예로 들면 무리하게 운동하다 신장 기능이 나빠지거나 골절을 겪어 오히려 전보다 건강하지 못한 삶을 사는 경우도 있습니다. 앞서 걷는 것이 좋다고도 했는데, 이 역시 너무 오래 걸으면 염증이 생기거나 관절에 무리가 가기도 하니 적당히 걸어야 할 것입니다.

만약 TV 건강 프로그램에서 설명하는 암의 증상에 '혹시 나도?' 하고 불안해진다면 일단 전원을 꺼보기를 권합니다. 다른 사람의 말을 쉽게 믿는 사람일수록 더더욱 말이지요.

약도 독이 될 수 있고
독도 약이 될 수 있다.

69

월요병을 물리치는
주말 습관

❦❀　　2001년 미국 메이저리그에 진출해 단일 시즌 최다 안타 등 수많은 대기록을 남긴 프로 야구선수 스즈키 이치로는 엄청난 연습광이었던 것으로 유명합니다. 어느 정도였는가 하면, 그는 초등학교 3학년부터 중학교 3학년까지 7년간 1년에 363일을 타구 연습장에서 특별 훈련을 했다고 합니다. 이틀을 쉰 이유도 놀라운데, 연습장이 명절에 영업을 하지 않았기 때문이라고 하지요.

이치로가 일본을 넘어 메이저리그에서도 맹활약하며 꾸준

히 뛰어난 기량을 보여줄 수 있었던 이유는 명확합니다. 내일 충실히 연습하고 매일의 리듬을 깨지 않았기 때문입니다.

우리도 평일에는 직장과 학교에 다니며 충실하게 생활합니다. 다만 주말과 휴일에 달라질 뿐이지요. 아마 보통은 마음껏 신나게 놀 텐데, 당연히 필요한 시간이라고 생각합니다. 일할 때는 일하고 쉴 때는 확실히 쉬어야 몸도 마음도 치유되고, 너무 일만 하면 인생이 무미건조해지니 말입니다.

다만 앞에서도 말했듯 과한 것은 모자란 것만 못합니다. 즉 지나친 유흥과 오락은 금물이라는 뜻이지요. 너무 놀면 다시 일상을 시작해야 하는 월요일이 힘들어집니다.

주말의 생활 리듬이 깨지면 그 여파가 다음 날에도 이어지기 때문입니다. 의욕도 기력도 부족한 채로 월요일을 맞이하는 것이지요. 그럴 바에는 차라리 주말에도 평일과 비슷하게 생활하는 편이 낫습니다.

호주 애들레이드대학교의 아만다 타일러는 실험을 통해 주말에 밤을 새우면 생체리듬이 깨져 더 괴롭다는 사실을 확인했습니다. 건강한 참여자 16명을 둘로 나눠 한쪽은 주말에도 평일과 같은 시간에, 다른 쪽은 주말에 3시간 더 늦게 자도록 하니 늦게 취침한 사람들이 월요일에 더 졸리고 피곤해한 것입니다.

주말이니 밤새워 게임을 하거나 밤늦게까지 술을 마시는 등 평소 생활 리듬에서 크게 벗어나는 행동을 하면 다음 날이 힘들어집니다.

언젠가 월요병을 없애는 방법으로 '주말에도 일하면 된다'는 내용의 뉴스를 본 적이 있습니다. 많은 사람이 이 뉴스를 보고 눈살을 찌푸렸지만 개인적으로는 동의합니다.

저는 주말에 평일만큼은 아니더라도 활동을 하려 합니다. 자료를 읽거나 가볍게 원고를 쓰지요. 연말연시에도 마찬가지입니다. 제가 워커홀릭이기 때문이라거나 직업 정신이 투철해서가 아닙니다. 그저 월요일에 괴로워지고 싶지 않을 뿐입니다.

여러분도 생활 리듬을 크게 깨지 않기 바랍니다. 그래야 신체적·정신적으로 편안한 상태가 유지될 테니 말이지요.

70

불안함은 꾸준함을
이기지 못한다

♀❀　　　한 분야의 전문가로 오랜 기간 열심히 일하다 보면
능력을 인정받아 승진하거나 더 좋은 곳으로 이직하게 됩니다.
기대한 만큼이 아닐 수 있지만 보상도 반드시 따라옵니다. 어
지간히 공정하지 못한 직장에 다니는 게 아니라면 말입니다.

　회사에서는 매년 인사평가가 이뤄집니다. 특별한 문제가 있
지 않은 한 열심히 일하며 성과를 내다 보면 좋은 평가를 받아
점점 직급과 연봉이 높아집니다. 소득이 좋아지면 점차 경제적
으로도 안정되지요.

달리 말하면 맡은 일을 대충하기보다 주어진 일에 최선을 다하는 것이 경제적으로 안정되는 기본적인 방법이라 할 수 있겠습니다. 열심히 하다 보면 자연히 전문성이 생기고, 그 결과 어디에든 내 노동력의 가치를 높게 제시할 수 있기 때문입니다.

자본주의사회에서 생계에 대한 걱정이 줄어들면 삶의 질이 높아질 수밖에 없습니다. 그래서일까요? 경제적으로 안정되면 오래 산다는 연구 결과가 발표됐다고 합니다.

스탠퍼드대학교의 라즈 체티는 가계 수입이 수명에 미치는 영향을 알아보기 위해 평균 나이 53세의 미국인 14억 명의 1999~2014년 통계를 분석했습니다.

그 결과 경제적으로 부유할수록 오래 산다는 분명한 사실을 발견했습니다. 최상위 1퍼센트에 속하는 사람과 최하위 1퍼센트에 속하는 사람의 수명을 비교해 보니 무려 14.6세나 차이 난 것이지요.

경제적으로 안정되면 인생에서 마주치는 대부분의 문제가 잘 풀릴 가능성이 높아집니다. 부유해질수록 근심과 걱정이 줄어드는 셈이지요. 반면 통장 잔고가 너너하지 않으면 신경 쓰지 않으려 해도 마음속 어딘가에 늘 불안함이 자리합니다. 그것이 쌓이고 쌓이면 정신적인 부담이 되고, 늘 스트레스에 시달리다 수명까지 줄어드는 것입니다.

그러니 매일 눈앞의 일에 집중해 최선을 다해보면 어떨까요? 업무 능력이 향상되고 전문성이 생기면 소득도 높아지기 마련입니다. 여유 자금이 생기면 저축을 더 많이 할 수도, 투자로 재산을 불릴 수도 있겠지요. 그렇게 되면 마음에 여유가 생겨 신경을 곤두세울 일이나 초조함도 줄어들어 건강한 인생을 살 수 있을 것입니다.

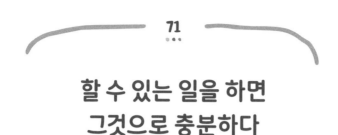

할 수 있는 일을 하면 그것으로 충분하다

'우물 안 개구리'라는 속담이 있습니다. 좁은 세상에 갇혀 한정된 범위 안에서만 생각하고 행동하는 사람들을 가리킬 때 자주 사용하는 표현이지요.

여기서 한 가지 질문을 해보겠습니다. 과연 우물 안 개구리가 나쁘기만 할까요? 일부러 큰물에 나가 자신이 얼마나 볼품없는지 깨달을 바에야 차라리 우물 안에서 만족하며 지내면 훨씬 행복하지 않을까요?

'작은 연못의 큰 물고기 효과big-fish-little-pond effect'라는 심리 현상이 있습니다. 작은 연못에서 사는 물고기는 스스로를 큰 물고기로 여긴다는 것입니다. 우물 안 개구리와 비슷한 뜻이지요.

평균보다 조금 더 나은 재능을 가진 사람이 있다고 해보겠습니다. 만약 그가 천재만 모인 집단에 속하게 된다면 어떤 감정을 느낄까요? 월등히 우수한 동료들과 자신을 끊임없이 비교할 테고, 그러다 보면 자신감이 높아지기는커녕 떨어질 것입니다. 만약 그 집단이 회사라면 아마 매일 자신의 실력 부족에 괴로워하며 출근하지 않을까요?

중학교, 고등학교, 대학교에 진학할 때도 마찬가지입니다. 대부분 면학 분위기가 좋은 학교, 공부를 잘하는 학생이 많은 학교에 가고 싶어 합니다. 하지만 입학 후 좀처럼 좋은 성적을 거두지 못하고 하위권에 머무른다면 어떨까요?

호주가톨릭대학교의 허브 마쉬는 26개국의 학생들을 대상으로 자신감 연구를 진행했습니다. 한 국가당 약 4,000명을 표본 집단으로 삼았는데, 그 결과 공부를 잘하는 학생이 많은 학교, 이른바 우수한 학교의 학생일수록 자신감이 낮아지는 경향이 나타났다고 밝혔습니다. 무려 26개국 모두에서 말이지요.

자신감을 채우는 데 뛰어난 사람들로 가득한 환경은 그다지 바람직하지 않다고 볼 수 있습니다. 오히려 자신감이 떨어질 수 있기 때문이지요.

물론 더 높은 경지를 목표로 삼는 것은 당연히 추천할 만합니다. 하지만 자신감이 떨어진 상태라면 안주할 수 있는 장소에 머무르는 것도 행복을 추구하는 좋은 방법입니다.

경쟁하는 분위기에 지쳤다면 담임선생님이 "더 상위권 학교에 진학할 수 있는데, 지원하지 않을 거니?"라고 물어도 치열한 경쟁에서 벗어나 편안하게 살고 싶다고 대답하면 됩니다.

취업을 준비할 때도 기술을 연마하고 자격증을 따고 역량을 강화하기 힘들다면, 시험과 면접을 준비하는 일에 지쳤다면 목표로 하던 곳보다 작은 기업에 취직해도 괜찮습니다. 그곳에서는 능력 있는 사원으로 무리하지 않고 만족하며 일할 수 있을지도 모릅니다.

스트레스를 덜 받고 편안한 마음으로 생활하고 싶다면 적당히 일하면서 인정도 받을 수 있을 만한 곳을 찾으면 됩니다. 뛰어난 동료들과 매일 치열하게 경쟁하는 것보다 행복한 삶일 수도 있지요. 어딘가에는 반드시 그런 곳이 존재합니다. 다른 사람의 시선이나 생각은 중요하지 않습니다. 어디든 스스로 기분 좋게 있을 수 있는 장소가 제일 좋습니다.

살다 보면 분명 열정을 발휘해야 할 때가 있습니다. 하지만 가끔은, 또는 사람에 따라 우물 안 개구리로 지낼 때 더 큰 행복을 느끼기도 합니다.

"지금 가지고 있는 것에 만족하면 창피당하지 않고
자기 영역 안에 머물 줄 알면 위태롭지 않다."

노자

스트레스가 에너지로
바뀌는 장소

업무를 하든 집안일을 하든 육아를 하든 스트레스를 받지 않고 생활하는 사람은 없습니다. 정도는 다르겠지만 누구나 스트레스를 받지요. 이를 달리 말하면 우리 모두 과도한 스트레스로 몸과 마음이 망가질 가능성이 있다는 뜻입니다. 스트레스는 만병의 근원이라 하지 않던가요?

의사들도 늘 "스트레스를 받지 않도록 주의하세요"라고 말하지만 실제로 스트레스를 받지 않기란 정말 어렵습니다. 결국 우리가 할 수 있는 일은 스트레스를 받았을 때 이를 잘 해소하는 것뿐입니다. 그렇다면 어떻게 해야 스트레스를 잘 다스릴 수 있을까요?

일상에서 할 수 있는 가장 좋은 스트레스 해소법은 바로 걷는 것입니다. 일단 걷기만 하면 어디든 좋지만 특히 초록색이 많은 곳을 걸으면 가장 좋다고 합니다. 초록색에 마음을 치유하는 효과가 있기 때문이지요. 그러니 피곤하다면 녹음이 우거진 장소에 가보기를 추천합니다.

미시간대학교의 마크 버만은 장소에 따라 걷기의 효과에 차이가 있는지 비교했습니다.

그는 남녀 38명을 모집해 일련의 숫자를 제시하고 이를 소리 내어 읽게 한 다음 반대 순서로 말하게 했습니다. '5-4-7-2'를 제시했다면 이를 먼저 말하게 하고 이어서 '2-7-4-5'라고 읽게 한 것이지요. 참여자들은 이 작업을 35분간 144번 반복했습니다.

버만은 정신적으로 지친 참여자들을 둘로 나눠 한쪽은 녹음이 우거진 공원을, 다른 쪽은 건물이 가득한 도시의 거리를 1시간씩 걷고 오도록 요청했습니다. 산책에서 돌아온 그들에게 가혹하게도 다시 같은 작업을 시켰지만 말입니다.

산책 전후의 정답률을 비교해 보니 공원에 다녀온 쪽은 큰 차이가 없었지만 길거리에 다녀온 쪽의 정답률은 낮아졌습니다. 공원을 산책한 사람들은 피로가 풀렸지만 거리를 걷고 온 사람들은 여전히 피곤함을 느낀 것입니다.

초록색에는 피로 회복 효과가 있습니다. 1시간 정도 푸른 나무와 꽃이 많은 공원 등을 걸으면 무거웠던 몸이 가벼워지고 쏟아지던 졸음도 날아갑니다. 기분이 상쾌해지면서 의욕도 다시 샘솟지요.

갑자기 두통이 생기고 머리카락이 빠진다면, 입맛도 없고 기운이 없다면, 아침에 일어나기가 너무 힘들다면 스트레스 때문일 가능성이 높습니다. 그럴수록 더더욱 가벼운 산책이나 걷기 운동이 건강과 스트레스 해소에 도움이 될 것입니다.

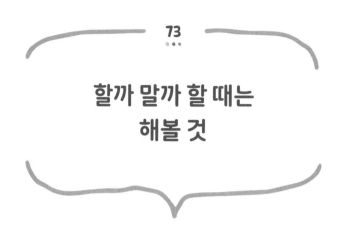

할까 말까 할 때는
해볼 것

❀❀　　인생은 선택의 연속이라는 말이 있습니다. 우리는 늘 뭔가를 선택해야 하는 상황에 놓이고 이로 인해 변화를 맞이하게 되지요. 만약 이직을 할지 말지 고민하고 있다면, 누군가에 사랑을 고백할지 말지 망설이고 있다면 어느 쪽을 선택해야 좋을까요?

　심리학적 관점에서는 뭔가를 할지 말지 망설이는 상황이라면 무조건 하는 쪽을 선택하는 편이 좋습니다. 이유는 간단합니다. 그래야 후회할 일도 줄어들기 때문입니다.

짝사랑하는 상대에게 마음을 전할지 말지 고민하고 있다면 일단 고백하는 편이 좋습니다. 상대방이 내 마음을 알아야 받아줄지 말지 고민이라도 할 테니 말입니다. 즉 고백을 해야 조금이라도 맺어질 가능성이 생긴다는 뜻이지요. 고백하지 않으면 그마저도 기대할 수 없습니다.

마음 정리도 마찬가지입니다. 상대방이 거절했다면 그 순간에는 마음이 아프겠지만 비교적 깨끗하게 감정을 접을 수 있을 것입니다. 하지만 마음을 전하지 않으면 고민은 끝나지 않습니다. 뒤늦게 '고백해 볼걸' 하고 후회할 수도 있지요.

후회는 뭔가를 '한' 데서 생기는 후회와 '하지 않은' 데서 생기는 후회 두 가지로 나뉩니다. 이때 오랜 기간 지속되는 아쉬움은 후자에 속합니다. 후회가 끝나지 않으면 마음이 개운해지기 힘듭니다. 즉 망설여질 때는 해보는 편이 좋다고 할 수 있겠지요.

코넬대학교의 케네스 사비스키는 평균 나이 44.8세의 남녀 114명과 전화 인터뷰를 진행하며 인생에서 후회하는 일이 있다면 무엇인지 물었습니다.

그러자 참여자의 60.5퍼센트가 하지 못한 일이나 하지 않은 일을, 39.5퍼센트가 한 일을 후회한다고 답변했습니다.

또한 이 연구에서 사비스키는 나이가 많을수록 하지 않은 일에 대해 더 크게 후회한다는 사실도 알아냈습니다. 연령을 62세 이상으로 한정하자 하지 않은 일을 후회하는 비율이 무려 69퍼센트로 늘어난 것이지요.

망설여진다면 해보기 바랍니다. 그것도 지금 당장 말이지요. 은퇴 후에 해외여행을 가고 싶다면 올해 가보면 어떨까요? 수년 후 '젊었을 때 가볼 걸' 하고 후회하지 않게 말입니다.

결혼할지 말지 망설여진다면 해보는 편이 좋습니다. 결혼 후 생활이 어떨지는 고민을 거듭해도 알 도리가 없습니다. 일단 해보고 어떻게 해도 갈등을 줄일 수 없다면 그때 이혼을 결심하면 됩니다.

인간이라면 어떤 선택을 하든 어떤 길을 택하든 어느 정도 후회하기 마련입니다. 하지만 뭔가를 한 데서 생긴 후회는 하지 않은 데서 비롯한 후회보다 얕습니다.

몸과 마음의 건강에
가장 효과적인 방법

❦❀　　인생을 즐겁게 사는 방법은 정말 다양한데, 개인적
으로 이번에 소개할 경외 체험은 여러분도 꼭 해보기 바랍니
다. 만족스러운 인생을 사는 데 분명 도움이 될 테니 말입니다.

　믿을 수 없을 정도로 거대한 크기의 폭포를 보고 감탄한 적
이 있나요? 금방이라도 쏟아질 듯 별이 가득한 밤하늘을 올려
다보고 자연의 아름다움을 느낀 적은? 뭔가를 보고 소름이 돋
았다면, 감탄을 넘어 압도당하는 감각을 느꼈다면, 마음이 설
렌 적이 있다면 바로 경외 체험을 한 것입니다.

스탠퍼드대학의 사회심리학자 제니퍼 아커와 미국 휴스턴대학의 멜라니 러드, 하버드대학의 마이클 노튼은 〈실험사회심리학저널〉에 한 실험 결과를 발표했습니다.

참여자들에게 에펠탑에 올라 파리를 내려다보는 것과 평범한 탑에 올라 평범한 풍경을 보는 것을 떠올려 보도록 지시한 다음 각자의 인생 만족도를 물었는데, 전자에서 인생 만족도를 더욱 높게 평가했다는 것입니다.

이 연구를 통해서도 알 수 있듯 우리는 경외 체험을 통해 행복한 기분을 느낄 수 있습니다. 일상이 무료하다면, 하루하루가 무미건조하다면 기분을 전환할 좋은 방법이 될 것입니다.

경외 체험을 할 장소는 서울 남산타워나 홍콩 스카이라인 같은 랜드마크, 1,000년 이상의 역사를 자랑하는 고풍스러운 사찰, 큰 다리 등 '와, 이거 멋지다!'라고 느낄 수 있는 곳이면 어디든 충분합니다. 아주 큰 불상이나 탑도 좋습니다.

미술관과 박물관도 추천합니다. 훌륭한 회화와 조각 등 다양한 작품이 전시돼 있으니 분명히 경외 체험을 할 수 있을 것입니다.

외출하기 귀찮다면 TV 다큐멘터리 프로그램을 시청해도 좋습니다. 끝없이 펼쳐진 사막과 빛이 닿지 않는 심해를 담은 영상을 보면 가슴이 두근거릴 테니까요.

어디를 가든 좋으니 한 달에 한 번 정도 마음 떨리고 감동받는 경험을 꾸준히 해 보세요. 일상의 무료함이 사라지고 오히려 오늘도 멋진 하루였다며 열심히 살아낸 스스로에게 뿌듯한 마음이 들 것입니다.

이를 위해 스스로 어떤 것에 벅차오르는지 알아두면 좋습니다. 누군가는 자연 속에서 웅장함을 뽐내는 유럽의 고성에서, 또 누군가는 박물관에 전시된 거대한 전함을 보면서 흥분할 것입니다.

좋아하는 사진이나 이미지를 스마트폰에 저장해 두는 것도 방법입니다. 원할 때 언제든지 감동받을 수 있으니 말이지요. 그런 작은 즐거움이 인생을 즐겁게 만드는 비결이라는 점을 꼭 기억하기 바랍니다.

"여행은 정신을 다시 젊어지게 하는 샘이다."

한스 안데르센

"화상을 입었을 때는 오이를 썰어 환부에 붙여두면 좋아."

"감기에 걸리면 목에 파를 감아두면 좋아."

이런 민간요법이나 삶의 지혜를 가리켜 흔히 '할머니의 지혜 주머니'라고 부릅니다. 일단 한 번 알아두면 두고두고 도움이 되는 일상의 기술입니다. 이번 책은 이 유용한 방법들을 심리학적으로 풀어보고 싶어 집필했습니다. 여차할 때 써먹을 수 있는 심리학 지식이 많다고 생각했기 때문입니다.

인생을 살다 보면 많은 일이 일어납니다. 그때마다 도움이 되는 조언을 떠올린다면 문제가 생겼을 때 바로 참고할 수 있지 않을까요? 여기 적은 내용이 독자 여러분에게 '이럴 때는 이렇게, 저럴 때는 저렇게' 사용할 수 있는 지식이 되면 좋겠습니다.

우리는 주로 인간관계와 건강, 경제적 문제로 고민하고 힘들어합니다. 저는 이 세 가지를 중심으로 일상생활에서 발생할 수 있을 법한 여러 상황을 가정해 각각에 써먹을 만한 심리 기술을 담았습니다. 말하자면 지극히 평범한 사람이 살아가는 데 도움이 될 만한 지식을 닥치는 대로 집어넣었다고 할 수 있겠습니다. 그러니 부디 이 책을 '심리학의 지혜 주머니'로 활용해 주기 바랍니다.

곤란한 일이 생겨도 이를 수월하게 해결할 방법을 알아두면 당황하지 않고 적절히 대응할 수 있을 것입니다. 보통은 어떻게 대처하면 좋을지, 어떻게 해결하면 좋을지 몰라 우왕좌왕하는 사이에 문제가 커지기 때문입니다. 그럴 때 이 책을 곁에 두면 상당히 든든하지 않을까 합니다.

시간이 날 때 몇 번이고 다시 읽어 여기 적힌 기술을 여러분의 것으로 만들어 보기 바랍니다. 세상에는 거짓 조언을 담은 책도 많지만 이 책의 심리 기술은 검증되고 공인된 논문을 바탕으로 적었으니 안심하고 이용하면 됩니다. 또 최신 연구 결과도 가능한 한 많이 반영하려 했으니 더욱 유용한 내용이 많을 것입니다.

앞으로도 독자 여러분에게 도움이 되는 실천적인 심리학 도서를 쓰고자 합니다. 이번 책을 끝까지 함께해 주셔서 감사하고 어디선가 또 뵙기를 바랍니다.

참고 문헌

- Aarts, H., Dijksterhuis, A., & De Vries, P. 2001 On the psychology of drinking: Being thirsty and perceptually ready. British Journal of Psychology, 92, 631-642.

- Alter, A. L., & Oppenheimer, D. M. 2006 Predicting short-term stock fluctuations by using processing fluency. Proceedings of the National Academy of Sciences of the United States of America, 103, 9369-9372.

- Althagafi, S. S., AlSufyani, M. H., Shawky, O. A., Afifi, O. K., Alomairi, N., & Masoodi, I. 2019 The health anxiety in medical students, a comparative study from Taif University: Medical student's syndrome revisited. British Journal of Medical Practitioners, 12, a003.

- Areni, C. S., & Kim, D. 1993 The influence of background music on shopping behavior: Classical versus top-forty music in a wine store. Advances in Consumer Research, 20, 336-340.

- Atir, S., Rosenzweig, E., & Dunning, D. 2015 When knowledge knows no bounds: Self-perceived expertise predicts claims of impossible knowledge. Psychological Science, 26, 1295-1303.

- Berman, M. G., Jonides, J., & Kaplan, S. 2008 The cognitive benefits of interacting with nature. Psychological Science, 19, 1207-1212.

- Burriss, R. P., Rowland, H. M., & Little, A. C. 2009 Facial scarring enhances men's attractiveness for short-term relationships. Personality and Individual Differences, 46, 213-217.

- Bushong, B., King, L. M., Camerer, C. F., & Rangel, A. 2010 Pavlovian processes in consumer choice: The physical presence of a good increases willingness-to-pay. American Economic Review, 100, 1556-1571.

- Cameron, A. M., Massie, A. B., Alexander, C. E., Stewart, B., Montgomery, R. A., Benavides, N. R., Fleming, G. D., & Segev, D. L. 2013 Social media and organ donor registration: The Facebook effect. American Journal of Transplantation, 13, 2059-2065.

- Carter, G. L., Campbell, A. C., & Muncer, S. 2014 The dark triad personality: Attractiveness to women. Personality and Individual Differences, 56, 57-61.

- Chetty, R., Stepner, M., Abraham, S., Lin, S., Scuderi, B., Turner, N., Bergeron, A., & Cutler, D. 2016 The association between income and life expectancy in the United States, 2001-2014. Journal of American Medical Association, 26,

1750-1766.

- Cohn, E. G. & Rotton, J. 1997 Assault as a function of time and temperature: A moderator-variable time-series analysis. Journal of Personality and Social Psychology, 72, 1322-1334.

- Coker, B. L. S. 2012 Seeking the opinions of others online: Evidence of evaluation overshoot. Journal of Economic Psychology, 33, 1033-1042.

- Conley, T. D., Roesch, S. C., Peplau, L. A., & Gold, M. S. 2009 A test of positive illusions versus shared reality models of relationship satisfaction among gay, lesbian, and heterosexual couples. Journal of Applied Social Psychology, 39, 1417-1431.

- Dee, T. S. 2014 Stereotype threat and the student-athlete. Economic Inquiry, 52, 173-182.

- Devine, D. J., Clayton, L. D., Dunford, B. B., Seying, R., & Pryce, J. 2000 Jury decision making: 45 years of empirical research on deliberating groups. Psychology, Public Policy, and Law, 7, 622-727.

- DeWinstanley, P. A. & Bjork, E. L. 2004 Processing strategies and the generation effect: Implications for making a better reader. Memory & Cognition, 32, 945-955.

- Dolinski, D., Nawrat, M., & Rudak, I. 2001 Dialogue involvement as a social influence technique. Personality and Social Psychology Bulletin, 27, 1395-1406.

- Dunning, D., Johnson, K., Ehrlinger, J., & Kruger, J. 2003 Why people fail to recognize their own incompetence. Psychological Science, 12, 83-87.

- Dura, J. R. 1988 Successful treatment of chronic psychogenic vomiting by self-monitoring. Psychological Reports, 62, 239-242.

- Edmondson, A. C. 2004 Learning from mistakes is easier said than done. Journal of Applied Behavioral Science, 40, 66-90.

- Epley, N. & Schroeder, J. 2014 Mistakenly seeking solitude. Journal of Experimental Psychology: General, 143, 1980-1999.

- Feinberg, M., Willer, R., Stellar, J., & Keltner, D. 2012 The virtues of gossip: Reputational information sharing as prosocial behavior. Journal of Personality and Social Psychology, 102, 1015-1030.

- Flyvbjerg, B., Holm, M. K. S., & Buhl, S. L. 2004 What causes cost overrun in transport infrastructure projects? Transport Reviews, 24, 3-18.

- Flynn, F. J., & Lake, V. K. B. 2008 If you need help, just ask: Underestimating compliance with direct requests for help. Journal of Personality and Social Psychology, 95, 128-143.

- Frank, M. G., & Gilovich, T. 1988 The dark side of self-and social perception: Black uniforms and aggression in professional sports. Journal of Personality and Social Psychology, 54, 74-85.

- Fryer, R. G. 2013 Teacher incentives and student achievement: Evidence from New York City public schools. Journal of Labor Economics, 31, 373-407.

- Garrity, K., & Degelman, D. 1990 Effect of server introduction on restaurant tipping. Journal of Applied Social Psychology, 20, 168-172.

- Geier, A. B., Rozin, P., & Doros, G. 2006 Unit bias: A new heuristic that helps explain the effect of portion size on food intake. Psychological Science, 17, 521-525.

- Guéguen, N. 2004 Nonverbal encouragement of participation in a course: The effect of touching. Social Psychology of Education, 7, 89-98.

- Guéguen, N. 2012 "Say it...near the flower shop": Further evidence of the effect of flowers on mating. Journal of Social Psychology, 152, 529-532.

- Guéguen, N., Meineri, S., & Fishcer-Lokou, J. 2014 Men's music ability and attractiveness to women in a real-life courtship context. Psychology of Music, 42, 545-549.

- Gunnell, J. J. & Ceci, S. J. 2010 When emotionality trumps reason: A study of individual processing style and juror bias. Behavioural Sciences and the Law, 28, 850-877.

- Hamlet, C. C., Axelrod, S., & Kuerschner, S. 1984 Eye contact as an antecedent to compliant behavior. Journal of Applied Behavior Analysis, 17, 553-557.

- Hanley, A. W., Warner, A. R., Dehili, V. M., Canto, A. I., & Garland, E. L. 2015 Washing dishes to wash the dishes: Brief instruction in an informal mindfulness practice. Mindfulness, 6, 1095-1103.

- Hirshleifer, D., & Shumway, T. 2003 Good day sunshine: Stock returns and the weather. Journal of Finance, 58, 1009-1032.

- Hsiang, S. M., Meng, K. C., & Cane, M. A. 2011 Civil conflicts are associated with the global climate. Nature, 476, 438-441.

- Hsu, L. M., Chung, J., & Langer, E. J. 2010 The influence of age-related cues on health and longevity. Perspectives on Psychological Science, 5, 632-648.

- Johnco, C., Wheeler, L., & Taylor, A. 2010 They do get prettier at closing time: A repeated measures study of the closing-time effect and alcohol. Social Influence, 5, 261-271.

- Jonason, P. K. & Li, N. P. 2013 Playing hard-to-get: Manipulating one's perceived availability as a mate. European Journal of Personality, 27, 458-469.

- Kahneman, D. & Klein, G. 2009 Conditions for intuitive expertise: A failure to disagree. American Psychologist, 64, 515-526.

- Kang, S. K., DeCelles, K. A., Tilcsik, A., & Jun, S. 2016 Whitened résumés: Race and self-presentation in the labor market. Administrative Science Quarterly, 61, 469-502.

- Kraus, M. W., Huang, C., & Keltner, D. 2010 Tactile communication, cooperation, and performance: An ethological study of the NBA. Emotion, 10, 745-749.

- Kühn, S., Gleich, T., Lorenz, R. C., Lindenberger, U., & Gallinat, J. 2014 Playing Super Mario induces structural brain plasticity: Gray matter changes resulting from training with a commercial video game. Molecular Psychiatry, 19, 265-271.

- Laird, D. A. 1932 How the consumer estimates quality by subconscious sensory impressions with special reference to the role of smell. Journal of Applied Psychology, 16, 241-246.

- Lamy, L., Fischer-Lokou, J., & Guéguen, N. 2015 Places for help: Micro-level variation in helping behavior toward a stranger. Psychological Reports, 116, 242-248.

- Larrick, R. P., Timmerman, T. A., Carton, A. M., & Abrevaya, J. 2011 Temper, temperature, and temptation: Heat-related retaliation in baseball. Psychological Science, 22, 423-428.

- Lenton, A. P. & Francesconi, M. 2010 How humans cognitively manage an abundance of mate options. Psychological Science, 21, 528-533.

- Lerner, J. S., Gonzalez, R. M., Small, D. A., & Fischhoff, B. 2003 Effects of fear and anger on perceived risks of terrorism. A national field experiment. Psychological Science, 14, 144-150.

- Levine, M., Prosser, A., Evans, D. & Reicher, S. 2005 Identity and emergency intervention: How social group membership and inclusiveness of group boundaries shape helping behavior. Personality and Social Psychology Bulletin, 31, 443-453.

- Lichtenfeld, S., Elliot, A. J., Maier, M. A., & Pekrun, R. 2012 Fertile green: Green facilitates creative performance. Personality and Social Psychology Bulletin, 38, 784-797.

- Lieberman, M. D., Eisenberger, N. I., Crockett, M. J., Tom, S. M., Pfeifer, J. H., & Way, B. M. 2007 Putting feelings into words: Affect labeling disrupts amygdala activity in response to affective stimuli. Psychological Science, 18, 421-428.

- Lin, H. M., Lin, C. H., & Hung, H. H. 2015 Influence of chopstick size on taste evaluations. Psychological Reports, 116, 381-387.

- Main, K. J., Dahl, D., & Darke, P. R. 2007 Deliberative and automatic bases of suspicion: Empirical evidence of the sinister attribution error. Journal of Consumer Psychology, 17, 59-69.

- Marsh, H. & Hau, K. T. 2003 Big-fish-little-pond effect on academic self-concept: A cross-cultural(26-country) test of the negative effects of academically selective schools. American Psychologist, 58, 364-376.

- McCabe, D. P. & Castel, A. 2007 Seeing is believing: The effect of brain images on judgments of scientific reasoning. Cognition, 107, 343-352.

- McKenna, K. Y. A., Green, A. S., & Gleason, M. E. J. 2002 Relationship formation on the internet: What's the big attraction? Journal of Social Issues, 58, 9-31.

- Miller, C. T. & Downey, K. T. 1999 A meta-analysis of heavyweight and self-esteem. Personality and Social Psychology Review, 3, 68-84.

- Morton, T. A., & Duck, J. M. 2006 Enlisting the influence of others: Alternative strategies for persuasive media campaigns. Journal of Applied Social Psychology, 36, 269-296.

- Mueller, J. S., Goncalo, J. A., & Kamdar, D. 2011 Recognizing creative leadership: Can creative idea expression negatively relate to perceptions of leadership potential? Journal of Experimental Social Psychology, 47, 494-498.

- Mueller, P. A. & Oppenheimer, D. M. 2014 The pen is mightier than the keyboard: Advantages of longhand over laptop note taking. Psychological Science, 25, 1159-1168.

- Nestojko, J. F., Bui, D. C., Kornell, N., & Bjork, E. L. 2014 Expecting to teach enhances learning and organization of knowledge in free recall of text passages. Memory & Cognition, 42, 1038-1048.

- Nolan, J. M., Schultz, P. W., Cialdini, R. B., Goldstein, N. J., & Griskevicius, V. 2008 Normative social influence is underdetected. Personality and Social Psychology Bulletin, 34, 913-923.

- Patall, E. A., Cooper, H., & Wynn, S. R. 2010 The effectiveness and relative importance of choice in the classroom. Journal of Educational Psychology, 102, 896-915.

- Peck, J., & Shu, S. B. 2009 The effect of mere touch on perceived ownership. Journal of Consumer Research, 36, 434-447.

- Peskin, M. & Newell, F. N. 2004 Familiarity breeds attraction: Effects of exposure on the attractiveness of typical and distinctive faces. Perception, 33, 147-157.

- Peter, J., Valkenburg, P. M. & Shouten, A. 2005 Developing a model of adolescent friendship formation on the internet. Cyberpsychology & Behavior, 8, 423-430.

- Phillips, D. P., Liu, G. C., Kwok, K., Jarvinen, J. R., Zhang, W., & Abramson, I. S. 2001 The hound of the Baskervilles effect: Natural experiment on the influence of psychological stress on timing of death. British Medical Journal, 323, 1443-1446.

- Pool, M. M., Koolstra, C. M., & van der Voort, T. H. A. 2003 The impact of background radio and television on high school students' homework performance. Journal of Communication, 53, 74-87.

- Postmes, T., Spears, R., & Cihangir, S. 2001 Quality of decision making and group norms. Journal of Personality and Social Psychology, 80, 918-930.

- Raghubir, P., & Srivastava, J. 2008 Monopoly money: The effect of payment coupling and form on spending behavior. Journal of Experimental Psychology:Applied, 14, 213-225.

- Roberts, S. C., Little, A. C., Lyndon, A., Roberts, J., Havlicek, J., & Wright, R. L. 2009 Manipulation of body odour alters men's self-confidence and judgements of their visual attractiveness by women. International Journal of Cosmetic Science, 31, 47-54.

- Rudd, M., Vohs, K. D., & Aaker, J. 2012 Awe expands people's perception of time, alters decision making, and enhances well-being. Psychological Science, 23, 1130-1136.

- Savitsky, K., Adelman, R. M., & Kruger, J. 2012 The feature-positive effect in allocations of responsibility for collaborative tasks. Journal of Experimental Social Psychology, 48, 791-793.

- Savitsky, K., Medvec, V. H., & Gilovich, T. 1997 Remembering and regretting: The Zeigarnik effect and the cognitive availability of regrettable actions and inactions. Personality and Social Psychology Bulletin, 23, 248-257.

- Schindler, S., Reinhard, M. A., & Stahlberg, D. 2011 Repetition of educational AIDS advertising affects attitudes. Psychological Reports, 108, 693-698.

- Seiter, J. S., Brownlee, G. M., & Sanders, M. 2011 Persuasion by way of example: Does including gratuity guidelines on customer's checks affect restaurant tipping behavior? Journal of Applied Social Psychology, 41, 150-159.

- Shook, N. J., & Fazio, R. H. 2008 Interracial roommate relationships. Psychological Science, 19, 717-723.

- Sigirtmac, A. D. 2016 An investigation on the effectiveness of chess training on creativity and theory of mind development at early childhood. Educational Research and Reviews, 11, 1056-1063.

- Soetevent, A. 2005 Anonymity in giving in a natural context: A field experiment in 30 churches. Journal of Public Economics, 89, 2301-2323.

- Stephan, Y., Sutin, A. R., & Terracciano, A. 2016 Feeling older and risk of hospitalization: Evidence from three longitudinal cohorts. Health Psychology, 35, 634-637.

- Stephens, R., Atkins, J., & Kingston, A. 2009 Swearing as a response to pain. Neuroreport, 20, 1056-1060.

- Summers, T. A., & Hebert, P. R. 2001 Shedding some light on store atmospherics: Influence of illumination on consumer behavior. Journal of Business Research, 54, 145-150.

- Taylor, A., Wright, H. R., & Lack, L. 2008 Sleeping-in on the weekend delays circadian phase and increases sleepiness the following week. Sleep and Biological Rhythms, 6, 172-179.

- Thornton, B., Faires, A., Robbins, M., & Rollins, E. 2014 The mere presence of a cell phone may be distracting: Implications for attention and task performance. Social Psychology, 45, 479-488.

- Tifferet, S., Kruger, D. J., Bar-Lev, O., & Zeller, S. 2013 Dog ownership increases attractiveness and attenuates perceptions of short-term mating strategy in cad-like men. Journal of Evolutionary Psychology, 11, 121-129.

- Van Tilburg, W. A. P., & Igou, E. R. 2014 The impact of middle names: Middle name initials enhance evaluations of intellectual performance. European Journal of Social Psychology, 44, 400-411.

- Vincke, E. 2016 The young male cigarette and alcohol syndrome: Smoking and drinking as a short-term mating strategy. Evolutionary Psychology, 14, 1-13.

- Weege, B., Lange, B. P., & Fink, B. 2012 Women's visual attention to variation in men's dance quality. Personality and Individual Differences, 53, 236-240.

- Wiltermuth, S. S., & Gino, F. 2013 "I'll have one of each": How separating rewards into (meaningless) categories increases motivation. Journal of Personality and Social Psychology, 104, 1-13.

당장 써먹고 싶어지는
내 옆의 심리학

초판 1쇄 인쇄 2024년 5월 24일
초판 1쇄 발행 2024년 5월 31일

지은이 나이토 요시히토
옮긴이 박수현
펴낸이 정용수

편집 류다경
디자인 김민지
영업·마케팅 김상연 정경민
제작 김동명   **관리** 윤지연

펴낸곳 ㈜예문아카이브
출판등록 2016년 8월 8일 제2016-000240호
주소 서울시 마포구 동교로18길 10 2층
문의전화 02-2038-3372   **주문전화** 031-955-0550   **팩스** 031-955-0660
이메일 archive.rights@gmail.com   **홈페이지** ymarchive.com   **인스타그램** yeamoon.arv

ISBN 979-11-6386-308-3 03190
한국어판 출판권 ⓒ 예문아카이브, 2024